Kohlhammer

Fallbuch Pädagogik

Herausgegeben von Armin Castello

Die Autoren

Dr. Gunnar Brodersen ist Akademischer Rat am Institut für Sonderpädagogik der Europa-Universität Flensburg.
Dr. Armin Castello ist Professor für Sonderpädagogik, Psychologie und Diagnostik an der Europa-Universität Flensburg.

Gunnar Brodersen,
Armin Castello

Schulangst

Pädagogische Förderung im Alltag

Verlag W. Kohlhammer

Dieses Werk einschließlich aller seiner Teile ist urheberrechtlich geschützt. Jede Verwendung außerhalb der engen Grenzen des Urheberrechts ist ohne Zustimmung des Verlags unzulässig und strafbar. Das gilt insbesondere für Vervielfältigungen, Übersetzungen, Mikroverfilmungen und für die Einspeicherung und Verarbeitung in elektronischen Systemen.

Die Wiedergabe von Warenbezeichnungen, Handelsnamen und sonstigen Kennzeichen in diesem Buch berechtigt nicht zu der Annahme, dass diese von jedermann frei benutzt werden dürfen. Vielmehr kann es sich auch dann um eingetragene Warenzeichen oder sonstige geschützte Kennzeichen handeln, wenn sie nicht eigens als solche gekennzeichnet sind.

Es konnten nicht alle Rechtsinhaber von Abbildungen ermittelt werden. Sollte dem Verlag gegenüber der Nachweis der Rechtsinhaberschaft geführt werden, wird das branchenübliche Honorar nachträglich gezahlt.

Dieses Werk enthält Hinweise/Links zu externen Websites Dritter, auf deren Inhalt der Verlag keinen Einfluss hat und die der Haftung der jeweiligen Seitenanbieter oder -betreiber unterliegen. Zum Zeitpunkt der Verlinkung wurden die externen Websites auf mögliche Rechtsverstöße überprüft und dabei keine Rechtsverletzung festgestellt. Ohne konkrete Hinweise auf eine solche Rechtsverletzung ist eine permanente inhaltliche Kontrolle der verlinkten Seiten nicht zumutbar. Sollten jedoch Rechtsverletzungen bekannt werden, werden die betroffenen externen Links soweit möglich unverzüglich entfernt.

1. Auflage 2022

Alle Rechte vorbehalten
© W. Kohlhammer GmbH, Stuttgart
Gesamtherstellung: W. Kohlhammer GmbH, Heßbrühlstr. 69, 70565 Stuttgart
produktsicherheit@kohlhammer.de

Print:
ISBN 978-3-17-039234-2

E-Book-Formate:
pdf: ISBN 978-3-17-039235-9
epub: ISBN 978-3-17-039236-6

Inhaltsverzeichnis

1	Weshalb ein pädagogisches Fallbuch »Schulangst«?	11

2	Trennungsängstlichkeit	15
2.1	Symptome klinischer Trennungsangst	16
2.2	Subklinische Trennungsängstlichkeit	18
2.3	Häufigkeit und Verlauf	19
2.4	Entstehungsbedingungen	20

3	Soziale Ängstlichkeit	23
3.1	Erleben und Verhalten	24
3.1.1	Kognitive Merkmale	24
3.1.2	Physiologische Merkmale	25
3.1.3	Verhaltensbezogene Merkmale	25
3.2	Häufigkeit und Verlauf	28
3.3	Risiko- und Schutzfaktoren	30

4	Prüfungsängstlichkeit	32
4.1	Merkmale von Prüfungsängsten	33
4.2	Häufigkeit und Verlauf	35
4.3	Risiko- und Schutzfaktoren	36

5	Pädagogische Grundlagen	39
5.1	Pädagogische Diagnostik	39
5.1.1	Verhaltensbeobachtung	40

5.1.2	Funktionale Verhaltensanalyse (SORCK-Modell)	41
5.1.3	Angsthierarchie	45
5.1.4	Elterngespräch und Familienanamnese	46
5.1.6	Weiterführende Aspekte pädagogischer Diagnostik	47
5.2	Psychoedukation	50
5.2.1	Psychoedukation für Eltern	51
5.2.2	Psychoedukation für Kinder	53
5.2.3	Psychoedukation für Jugendliche	54
5.2.4	Psychoedukation im Kollegium	55
5.3	Elternberatung	56
5.3.1	Voraussetzungen gelingender Elternarbeit	56
5.3.2	Wirkfaktoren im Kontext von Elternarbeit bei Schulängsten	58
5.3.3	Beratungsgespräch	60
5.4	Bewältigung dysfunktionaler Gedanken	63
5.4.1	Kognitionen vor, während und nach angstauslösenden Situationen	63
5.4.2	Möglichkeiten zur Veränderung dysfunktionaler Kognitionen	64
5.5	Entspannung	70
5.5.1	Progressive Muskelrelaxation	71
5.5.2	Autogenes Training	73
5.6	Konfrontation mit Unterstützung	76
5.6.1	Angstbewältigung durch Reizkonfrontation	76
5.6.2	Techniken	78
5.6.3	Hinweise zur Durchführung	80
5.7	Kontingenzmanagement	82
5.7.1	Verstärkung und Bestrafung von Verhalten	83
5.7.2	Arten von Verstärkern	84
5.7.3	Techniken des Kontingenzmanagements	85
5.7.4	Kontingenz als Voraussetzung für Verstärkungslernen	87
5.7.5	Unbewusster Einsatz von Verstärkern	87

5.8	Begleitende Evaluation	89
5.8.1	Vorüberlegungen	89
5.8.2	Individuelle Zielsetzungen	90
5.8.3	Übergreifende Zielsetzungen	92

6	**Fallvignette Eliza**	**94**
6.1	Ausgangslage	94
6.2	Fragestellung	95
6.3	Informationen zur Person	96
6.4	Familiäre Situation	98
6.5	Schulische Situation	99
6.6	Pädagogische Diagnostik	99
6.6.1	Kollegialer Austausch	99
6.6.2	Kontaktaufnahme mit der Schülerin	100
6.6.3	Erstgespräch mit den Eltern	101
6.6.4	Verhaltensanalyse (SORCK-Schema)	103
6.5	Planung der pädagogischen Intervention	105
6.6	Pädagogische Intervention	106
6.6.1	Beratungsgespräch mit den Eltern	106
6.6.2	Beratungsgespräch mit Eliza	109
6.6.3	Konfrontation mit Unterstützung	110
6.7	Erfolgskontrolle bzw. Evaluation	112

7	**Fallvignette Lara**	**114**
7.1	Ausgangslage	114
7.2	Fragestellung	115
7.3	Informationen zur Person	116
7.4	Familiäre Situation	117
7.5	Schulische Situation	118
7.6	Pädagogische Diagnostik und Förderplanung	120
7.6.1	Kollegialer Austausch	120
7.6.2	Erstgespräch mit der Schülerin	121

7.6.3	Gespräch mit der Schülerin und der Mutter	122
7.6.4	Verhaltensanalyse	124
7.6.5	Erstellen einer Angsthierarchie	126
7.7.	Entwicklung einer Förderplanskizze – Begründung der pädagogischen Interventionen	127
7.8	Pädagogische Interventionen	129
7.8.1	Beratungsgespräch/Psychoedukation mit der Mutter	129
7.8.2	Psychoedukation Schülerin	130
7.8.3	Verhaltensexperiment	132
7.8.4	Sukzessive Reizkonfrontation	133
7.8.5	Kontingenzmanagement	134
7.9	Evaluative Perspektive	135

8 Fallvignette Joshua 137

8.1	Ausgangslage	137
8.2	Fragestellung	138
8.3	Informationen zur Person	139
8.4	Familiäre Situation	141
8.5	Schulische Situation	143
8.6	Pädagogische Diagnostik	143
8.6.1	Kollegialer Austausch	144
8.6.2	Kontaktaufnahme mit dem Schüler	145
8.7	Entwicklung einer Förderplanskizze	148
8.8	Pädagogische Interventionen	149
8.8.1	Beratungsgespräch mit den Eltern	149
8.8.2	Pädagogisches Gespräch mit Joshua	152
8.8.3	Prüfungstagebuch	152
8.8.4	Kollegialer Austausch	154
8.8.5	Konfrontation mit Unterstützung	155
8.8.6	Psychoedukation im Unterricht	157
8.9	Erfolg der Maßnahme	158

| 9 | Abschließende Anmerkungen | **160** |

Literatur **163**

1

Weshalb ein pädagogisches Fallbuch »Schulangst«?

Zahlreiche Erkenntnisse, die bereits lange Zeit vorliegen, aber auch aktuellere Entwicklungen haben uns motiviert, in der Reihe »Fallbuch Pädagogik« einen Band zu schulbezogenen Ängsten zu verfassen.

Die Häufigkeit

Zunächst einmal sind schulbezogene Ängste oder auch Schulängste seit vielen Jahren eine der häufigsten psychischen Auffälligkeiten im Kindes- und Jugendalter. Dabei kommen insbesondere drei Themen zum Tragen: Ängste in Zusammenhang mit einer Trennung von den Eltern, Angst vor einer negativen sozialen Bewertung und Prüfungs- bzw. Leistungsängste.

Obwohl individuell oft mehrere Themen relevant werden und bei sozialer Angst und Prüfungsangst Überschneidungen bestehen, haben wir uns entschlossen, diese Unterscheidung als Basis für die inhaltliche Ausgestaltung des Bandes zugrunde zu legen. Daher wird zunächst Grundlagenwissen zu diesen drei Formen schulbezogener Ängste vermittelt.

Die Versorgungslage

Ein weiterer Grund liegt darin, dass die kinder- und jugendpsychotherapeutische Versorgungssituation und Unterstützungsangebote für Schülerinnen und Schüler, Eltern und involvierte Lehrkräfte bereits seit langer Zeit ungenügend sind. Dieser Notstand führt nicht selten zu einer Beeinträchtigung der sozial-emotionalen Entwicklung betroffener Schülerinnen und Schüler, zu einer Belastung von deren Familien und negativen Auswirkungen auf die schulische Entwicklung dieser Kinder und Jugendlichen. Gleichzeitig sind Pädagoginnen und Pädagogen immer häufiger mit Anforderungen konfrontiert, für die sie keine hinreichende fachliche Unterstützung erhalten.

Aus diesem Grund werden hier praxisnahe pädagogische Grundlagen dargestellt, die zunächst einen diagnostischen Zugang beschreiben und Informationen bereitstellen, auf welche Weise nützliches Wissen über Schulangst an Betroffene, Eltern und an ein beteiligtes Kollegium weitergegeben werden kann. Es werden zudem Methoden beschrieben, die sich auf die Gestaltung von Elterngesprächen beziehen, und Möglichkeiten, Kinder oder Jugendliche in der Bewältigung schulbezogener Ängste zu unterstützen. Es wird zum Beispiel erklärt, wie eine Bewältigung negativen Denkens initiiert werden kann, auf welchem Weg Entspannungskompetenzen entwickelt werden können und wie der Schulalltag so gestaltet werden kann, dass eine allmähliche Reduktion von Ängsten möglich wird.

Der Praxistransfer

Die dargestellten Methoden werden schließlich im Rahmen von drei Fallvignetten angewandt, wobei diese Fälle jeweils eines der drei Themenfelder Trennungsangst, Soziale Ängstlichkeit und Prüfungsangst in den Mittelpunkt stellen. In der Darstellung dieser individuellen Fallgeschichten von Eliza, Lara und Joshua wird versucht, den familiären, individuellen und biografischen Hintergrund zu erläutern und dabei die Ausgangssituation der handelnden Pädagoginnen und Pädagogen verständlich zu machen.

Hiervon ausgehend beschreiben die Fallvignetten Gemeinsamkeiten und Unterschiede im Rahmen eines differenziellen pädagogischen Handelns angesichts schulbezogener Ängste. Neben einer Aktivierung von Ressourcen innerhalb des Schulbetriebs werden fallbezogen Anstrengungen zur Stärkung der familiären Unterstützung dargestellt. Die individuelle Ausgangslage der betroffenen Schülerinnen und Schüler begründet schließlich die Anwendung unterschiedlicher Methoden, deren schul- und unterrichtsnahe Umsetzung dort beschrieben, erklärt und kritisch diskutiert wird. Hierbei soll es keinesfalls darum gehen, dass Pädagoginnen oder Pädagogen in eine therapeutische Rolle schlüpfen, sondern darum, dass es Möglichkeiten zur Förderung gibt, die hier dargestellt werden.

Die in den pädagogischen Grundlagen bereits skizzierte evaluative Sicht auf pädagogisches Handeln findet sich in den Fallvignetten wieder, indem die Machbarkeit und das Erreichen der jeweiligen Zielsetzungen für die Unterstützung von Eliza, Lara und Joshua kritisch betrachtet werden.

Reaktion auf Veränderung

Wir erleben einen weiteren Anstieg der Prävalenz von Schulangst, dessen Ursachen vielschichtig sind. Sie liegen in einer veränderten Lebenssituation von Kindern, Jugendlichen und ihren Familien. Hieraus erwächst ein zunehmend verändertes Verständnis zur

Rolle von Lehrkräften im Umgang mit psychischen Auffälligkeiten.

Flensburg, Mai 2022

Gunnar Brodersen und Armin Castello

2

Trennungsängstlichkeit

Im nachfolgenden Abschnitt werden die Merkmale von Trennungsängsten dargestellt, es werden Informationen zur Häufigkeit und zum Verlauf und den Entstehungsbedingungen von Trennungsängstlichkeit gegeben. *(Oftmals wird »Ängstlichkeit« als Persönlichkeitsmerkmal und »Angst« als Zustand unterschieden. Um das gesamte Spektrum zu beschreiben, verwenden wir beide Begriffe hier weitgehend Synonym. Wenn eine behandlungsbedürftige oder auch klinisch relevante Störung gemeint ist, so wird dies jeweils explizit benannt.)*

Wenn sich ein Kind im Kita- oder Grundschulalter nicht gerne von nahestehenden Bezugspersonen trennen möchte, insbesondere über einen längeren Zeitraum hinweg, verwundert dies zumeist niemanden. Es war in der menschlichen Entwicklungsgeschichte lange Zeit sinnvoll, dass gerade kleine Kinder den Schutz der Eltern vermissen, wenn diese außer Sichtweite sind. Kulturell ist es aber für Kinder eine wichtige Entwicklungsaufgabe, mit den unabwendbaren Trennungen im Alltag allmählich umgehen zu lernen, um dadurch Selbstständigkeit zu entwickeln, soziale Kontakte außerhalb der Familie zu knüpfen, hierdurch wesentliche soziale und kommunikative Kompetenzen zu stärken und unbelastetes schulisches Lernen zu ermöglichen.

Wenn diese Entwicklung beeinträchtigt ist, so können negative Auswirkungen auf die sozial-emotionale und schulische Entwicklung eines Schülers oder einer Schülerin entstehen. Häufig gehen mit einer solchen Trennungsängstlichkeit zudem familiäre Belastungen einher, die in einer negativen Feedbackschleife wiederum die Trennungsängstlichkeit verstärken können, z. B. durch zunehmendes Unverständnis oder die Ärgerreaktionen der Eltern. Besonders in schulischen oder familiären Übergangsphasen wie z. B. Schulwechsel oder Umzügen können temporäre Anpassungsprobleme in Form von trennungsängstlichem Verhalten entstehen. Unterschieden werden muss dabei aber die entwicklungstypische Trennungsangst, die Trennungsängstlichkeit als subklinische Episode in Belastungsphasen und klinisch relevante Trennungsängste, die eine kinder- oder jugendpsychotherapeutische Intervention erforderlich machen.

2.1 Symptome klinischer Trennungsangst

Behandlungsbedürftige Trennungsangst im Kindes- und Jugendalter mit Störungscharakter muss von einer entwicklungsbedingten Trennungsangst unterschieden werden. Das DSM-5 (dieser »Diagnostische und statistische Leitfaden psychischer Störungen« ist ein wichtiges US-amerikanisches psychiatrisches Klassifikationssystem) beschreibt die Merkmale einer solchen behandlungsbedürftigen Störung mit Trennungsangst als

»[e]ine in Relation zur Entwicklung unangemessene und übermäßige Angst vor der Trennung, von zu Hause oder von den Bezugspersonen, wobei mindestens drei der folgenden Kriterien erfüllt sein müssen:

1. wiederholter übermäßiger Kummer bei einer möglichen oder tatsächlichen Trennung von zu Hause oder von wichtigen Bezugspersonen,
2. andauernde und übermäßige Besorgnis, dass sie wichtige Bezugspersonen verlieren könnten oder dass diesen etwas zustoßen könnte,
3. andauernde und übermäßige Besorgnis, dass ein Unglück sie von einer wichtigen Bezugsperson trennen könnte (z. B. verloren zu gehen oder entführt zu werden),
4. andauernder Widerwille oder Weigerung, aus Angst vor der Trennung zur Schule oder an einen anderen Ort zu gehen,
5. ständige und übermäßige Furcht oder Abneigung, allein oder ohne wichtige Bezugspersonen zu Hause oder ohne wichtige Erwachsene in einem anderen Umfeld zu bleiben,
6. andauernder Widerwillen oder Weigerung, ohne die Nähe einer wichtigen Bezugsperson schlafen zu gehen oder auswärts zu übernachten,
7. wiederholt auftretende Albträume von Trennungen,
8. wiederholte Klagen über körperliche Beschwerden (wie z. B. Kopfschmerzen, Bauchschmerzen, Übelkeit oder Erbrechen), wenn die Trennung von einer wichtigen Bezugsperson bevorsteht oder stattfindet« (S. 255).

Erfüllt sein müssen weiterhin folgende Kriterien:

»B. Die Dauer der Störung beträgt mindestens 4 Wochen.
C. Der Störungsbeginn liegt vor dem 18. Lebensjahr.
D. Die Störung verursacht in klinisch bedeutsamer Weise Leiden oder Beeinträchtigungen in sozialen, schulischen oder anderen wichtigen Funktionsbereichen.
E. Die Störung tritt nicht ausschließlich im Verlauf einer tiefgreifenden Entwicklungsstörung, Schizophrenie oder einer anderen psychotischen Störung auf und kann bei Jugendlichen und Erwachsenen nicht besser durch die Panikstörung mit Agoraphobie erklärt werden« (ebda).

Die erlebte Angst im Vorfeld der Trennung führt außerdem zu sozial irritierenden Verhaltensweisen wie exzessivem Anklammern an Bezugspersonen oder aggressivem Verhalten, häufig mit Konsequenzen für die soziale Integration (s. u.).

Die Angst ist begleitet von einer raschen Aufmerksamkeitshinwendung, um Kontrolle über die Situation zu erhalten, d. h. trennungsrelevante Situationen werden aufmerksam »belauert«. Anschließend wird die Aufmerksamkeit abgewendet, d. h. vermieden, um sich möglichst wenig mit dem bedrohlichen Stimulus beschäftigen zu müssen. In einer Situation akut erlebter Trennungsängste ist das schulische Lernen stark beeinträchtigt. Betroffene sind kaum in der Lage, den eigenen Aufmerksamkeitsfokus von den eintretenden Angstgedanken und -gefühlen abzuwenden.

2.2 Subklinische Trennungsängstlichkeit

Sehr große familiäre und schulische Belastungen entstehen bereits, auch wenn nicht alle klinischen Kriterien vollständig erfüllt sind. Subklinische Trennungsängste gehen oft ebenso einher mit Vermeidungstendenzen. Sie können sich auf die häusliche Einschlafsituation beziehen, sodass es Betroffenen schwerfällt, abends alleine ins Bett zu gehen und einzuschlafen, oder auf alltägliche Trennungssituationen zu Hause, wie z. B. mit einer anderen Person als den Eltern alleine zu Hause zu bleiben. Das temporäre Verlassen der Familie ist in vielen Situationen nur gegen heftigen Widerstand des Kindes möglich, wie z. B. Schwierigkeiten, bei Bekannten oder befreundeten Kindern bzw. Jugendlichen zu übernachten oder im Alltag zur Schule zu gehen.

Weiter ins Gewicht fallen schließlich die sekundären Belastungen, die bei Trennungsängstlichkeit entstehen können. Hierzu gehören Schwierigkeiten in der sozialen Integration, da die regelmäßige Vermeidung und dauerhafte Weigerung, zur Schule zu gehen, viele Fehlzeiten verursachen kann. Darunter leidet in der Regel allmählich auch die Qualität des Kontakts zu Gleichaltrigen und der Integration in die Gleichaltrigengruppe. Schließlich ist hohe Ängstlichkeit mit weniger positiver Einschätzung der Kinder oder Jugendlichen durch andere assoziiert (Weber & Huber, 2020). Sie werden insgesamt von Mitschülerinnen und Mitschülern weniger beachtet (Strauss et al., 1987).

2.3 Häufigkeit und Verlauf

Bei Mädchen und Jungen treten die dargestellten trennungsängstlichen Symptome etwa gleich oft auf. Trennungsängste sind insgesamt vergleichsweise häufig, wobei die Befunde hierzu schwanken. In einer amerikanischen Untersuchung wurde eine Lebenszeitprävalenz von 5,2 % ermittelt (Kessler, 2005). Falkai und Wittchen (2015) quantifizieren die Häufigkeit von klinisch relevanten Trennungsängsten bei etwa 4 %.

Trennungsangst tritt im Vergleich zu anderen Ängsten bei Kindern und Jugendlichen relativ früh auf – der Erstauftrittsgipfel liegt bei etwa 8 Jahren; sie wird in aller Regel noch vor Eintritt in die Pubertät sichtbar. Der Beginn der Symptome kann sehr unterschiedlich vonstattengehen. Manchmal entwickeln sich diese langsam und eskalieren allmählich. Plötzlich auftretende Symptome einer Trennungsangst hingegen stehen sehr oft in Verbindung mit erkennbar emotional einschneidenden Ereignissen, die auslösend wirken.

Erwachsene, die in ihrer Kindheit und Jugend unter starken Trennungsängsten leiden, erleben im Verlauf ihres Lebens häufiger weitere psychische Belastungsreaktionen bzw. psychische Störungen mit Krankheitswert.

2.4 Entstehungsbedingungen

Trennungsängste entstehen in der Wechselwirkung der individuellen temperamentsbezogenen Voraussetzungen und den bindungs- und trennungsrelevanten Erfahrungen eines Kindes. Von Bedeutung ist, dass Kinder auf die stressauslösenden Trennungssituationen mit einer stark genetisch mitbedingten physiologischen Erregung reagieren. Insofern ist die Irritabilität in Trennungssituationen auch erblich determiniert (vgl. Döpfner, 2000). Gleichzeitig kann die Entwicklung innerhalb der Familie den Verlauf der Neigung zur Irritation bei Trennungen mitbedingen.

Eltern, die aufgrund ihrer eigenen Biografie und nachfolgend in der Interaktion in der Familie bzw. mit ihrem Kind den auftretenden Trennungssituationen eine hohe negative Aufmerksamkeit schenken, verstärken die Neigung zu Trennungsängsten bei ihrem Kind. Wenn innerhalb der Familie die negativen Gefühle im Kontext von Trennungen betont und Hilflosigkeit und Verzweiflung erlebt und gezeigt werden, so wirkt dies als ungünstiges elterliches Modellverhalten. Ungünstig ist ebenso, wenn Trennungen als bedrohliche Ereignisse beschrieben werden und kaum Strategien und Anstrengungen zur Bewältigung angewandt werden.

Im Rahmen einer Metaanalyse zum Zusammenhang von elterlichem Erziehungsverhalten und der Entwicklung von Ängstlichkeit im Kindes- und Jugendalter (McLeod et al., 2007) wurden diese Faktoren als besonders wirksam identifiziert:

- eine auffällige elterliche Kontrolle des kindlichen Verhaltens,
- wenig Autonomiegewährung durch die Eltern,
- ein deutliches Überengagement der Eltern.

Eltern, die dazu neigen, ihre eigene soziale Umwelt in Beruf und Privatleben als bedrohlich zu erleben, befinden sich oft in einem emotionalen Zustand, der dazu führt, ihre eigenen Kinder vor dieser vermeintlichen Bedrohung schützen zu müssen. Dieses Elternverhalten ist zwar aus ihrer Sicht verständlich, kann aber die Verstärkung von schulischem Vermeidungsverhalten nach sich ziehen. Dieses Vermeiden reduziert fatalerweise sowohl das erlebte Angstniveau des Kindes als auch das der Eltern, d. h. beide Seiten erleben Schuleschwänzen als positiv und entlastend. Die Einschränkung der kindlichen Autonomie hat also zum Ziel, das Kind vor der subjektiv als bedrohlich erlebten sozialen Umwelt fern zu halten. In dieser elterlichen Vermeidung werden Faktoren wirksam, die aufrechterhaltend wirken: Indem Vermeidung stattfindet, kann keine Löschung der irrational negativen Bewertung der Umwelt und unangemessen intensiv erlebten Bedrohung stattfinden.

Die Familie eines Kindes kann allerdings auch als Schutzfaktor wirken. Ein fundamental wichtiges Element ist hier die in der Familie geprägte Bindungsbiografie. Kinder, die in der familiären Interaktion eine sichere Bindung entwickeln, sind weniger häufig von Trennungsängsten betroffen.

> **Exkurs**
> Die Entwicklung einer sicheren Bindung wird unterstützt durch die Qualität der Eltern-Kind- Interaktion, wobei Eltern die bindungsrelevanten Signale ihres kleinen Kindes (z. B. Quengeln, Weinen, Kontaktsuche) wahrnehmen und diese verlässlich, sensitiv, prompt und angemessen durch das eigene Handeln beantworten (wie z. B. in den Arm nehmen, Trösten, Bewegen usf.). Eltern, die aufgrund ihrer psychischen Verfassung vorbelastet sind (z. B. aufgrund von Krisen oder Erkrankungen), können in ihren Interaktionskompetenzen beeinträchtigt sein.

In einer gelingenden frühen Eltern-Kind-Interaktion entwickelt sich bereits früh die Fähigkeit der Kinder, sich selbst emotional erfolgreich zu regulieren. Diese Kompetenz ist insbesondere bei solchen Kindern wesentlich, die sie aufgrund einer temperamentsbedingten Irritierbarkeit in Trennungssituationen häufiger benötigen. Eltern, die in der frühen Interaktion mit ihrem Kind diese

2 Trennungsängstlichkeit

Kompetenzen zur Emotionsregulation stärken, wirken als Schutzfaktor gegen die Entwicklung von Trennungsängstlichkeit.

Sie spielen zudem eine wichtige Rolle als Schutzfaktor, indem sie als soziales Modell für den Umgang mit Trennungssituationen dienen. Dazu gehört beispielsweise

- die Bewertung von Trennung als Chance und Möglichkeit für neue Kontakte,
- das Vorleben einer positiven emotionalen Bewältigung und
- das Vermitteln von Kompetenzen oder Strategien für eine angemessene Emotionsregulation.

Kinder und Jugendliche, die aufgrund ihres Temperaments stark unter der Belastung einer Trennung leiden, können mit der Unterstützung ihrer Eltern Wege zu einer angemessenen Bewältigung erlernen. Dazu kann eine fundierte Psychoedukation von (vorbelasteten) Eltern einen wesentlichen Beitrag leisten (▶ Kap. 5.2 Psychoedukation).

3

Soziale Ängstlichkeit

Wir alle kennen soziale Situationen, in denen wir eine erhöhte Aufregung spüren – das können beispielsweise Situationen sein, die für uns eine besondere Bedeutung haben (z. B. ein Vorstellungsgespräch für einen neuen Job), die soziale Hinweisreize beinhalten, die wir nicht eindeutig interpretieren können (z. B. auf sich gerichtete Blicke in fremder Umgebung), oder die eine Notsituation darstellen und schnelles Handeln erfordern (z. B. das Auffinden eines ohnmächtig gewordenen Menschen). In solchen Situationen sind wahrscheinlich die meisten Menschen angespannt oder nervös; dennoch sprechen wir hier nicht von sozialer Ängstlichkeit, denn eine erhöhte Erregung betrachten wir in diesen Fällen als verständliche und angemessene Reaktion. Von sozialer

3 Soziale Ängstlichkeit

Ängstlichkeit sprechen wir dann, wenn stark ausgeprägte Angst in sozialen Situationen erlebt wird, die für die meisten Menschen in vergleichbarem Alter nicht besonders furchtauslösend sind. Kinder und Jugendliche reagieren also in Situationen mit sozialer Angst, die von ihren Peers als alltäglich und als wenig aufregend empfunden werden. Im Schulumfeld ergeben sich zahlreiche solcher Situationen: Sei es die morgendliche Fahrt mit dem Schulbus, ein Referat vor der Klasse oder die Pause auf dem Schulhof – Kinder und Jugendliche mit sozialer Angst sehen sich mit Herausforderungen im Schulalltag konfrontiert, die von Mitschülerinnen und Mitschülern gar nicht wahrgenommen werden.

3.1 Erleben und Verhalten

Soziale Ängstlichkeit wirkt sich bedeutsam auf das Erleben und Verhalten von Kindern und Jugendlichen aus. Wie bei anderen Ängsten auch lassen sich dabei kognitive, physiologische und verhaltensbezogene Merkmale unterscheiden.

3.1.1 Kognitive Merkmale

Auf kognitiver Ebene macht sich soziale Ängstlichkeit vor allem durch sorgenvolle Gedanken bemerkbar. Meist steht dabei die große Sorge vor einer Abwertung durch andere im Mittelpunkt, die die Betroffenen stark belastet. Sie befürchten, sich in sozialen Situationen unangemessen zu verhalten oder etwas Peinliches zu tun, sodass sie ausgelacht oder verspottet werden könnten. Die befürchtete negative Bewertung durch andere stellt für die Betroffenen eine große Bedrohung dar (Vasey, 1996). Gestützt wird diese Befürchtung häufig durch ein negatives Selbstbild: Die betroffenen Kinder und Jugendlichen nehmen an, nicht über ausreichende Fähigkeiten zu verfügen, um einen guten Eindruck bei anderen zu hinterlassen (Leary, 1986). Häufig kommen weitere ungünstige und verzerrte Annahmen hinzu wie beispielsweise die Überzeugung, etwas Falsches im Unterricht zu sagen, führe dazu, abgelehnt und nicht gemocht zu werden. Die Anforderungen an das eigene Verhalten sind dadurch extrem hoch. Gleichzeitig rückt die eigene Person bei der Bewertung sozialer Situationen sehr stark in den Fokus. Man spricht hierbei von einer erhöhten Selbstaufmerksamkeit, d. h. Betroffene schenken dem eigenen Auftreten, ihrem Erscheinungsbild und Verhalten viel Beachtung. Zumeist sind es negative Informationen, die von Betroffenen beachtet und erinnert werden (Daleiden, 1998; Daleiden & Vasey, 1997). Man kann sich vorstellen, dass diese sorgenvollen Gedanken, verzerrten Annahmen und ungünstigen Schemata zu einem hohen Leidensdruck führen.

3.1.2 Physiologische Merkmale

Auch auf der körperlichen Ebene macht sich soziale Ängstlichkeit bemerkbar. So reagieren betroffene Kinder und Jugendliche in einer Angstsituation (z. B. wenn sie einen Text laut vorlesen müssen) mit starkem Herzklopfen, Schwitzen oder Erröten. Auch eine erhöhte Muskelspannung, Übelkeit, Bauchschmerzen oder Zittern sind häufige körperliche Reaktionen. Insbesondere von Bauchschmerzen berichten Betroffene oftmals schon im Vorfeld einer unangenehmen Situation (z. B. bei Gedanken an ein bevorstehendes Referat). Vereinzelt kann es auch zu erlebtem »Erstarren« oder »Kälteschauern« kommen.

3.1.3 Verhaltensbezogene Merkmale

Das Verhalten von Kindern und Jugendlichen mit sozialer Ängstlichkeit erscheint in der Schule mitunter zunächst unauffällig, da die Betroffenen in der Regel nicht den Unterricht stören und sich weder laut noch aggressiv verhalten. Vielmehr sind sie still und zurückhaltend (Asendorpf, 1990). Ihr Handlungsspielraum ist durch ihre Angst jedoch massiv eingeschränkt: Sie sind gehemmt, verlegen und befangen und trauen sich wenig zu (z. B. etwas vor der Klasse zu sagen oder allein zu Schule zu gehen; Ahrens-Eipper und Nelius, 2009; Schneider und In-Albon, 2006). Situationen, in denen die Betroffenen im Mittelpunkt stehen oder Kontakt aufnehmen müssen, erleben sie als Stresssituationen. Es fällt ihnen nicht nur schwer, sich in sozialen Situationen durchzusetzen, sondern auch Freundschaften aufzubauen und zu pflegen. Dadurch kann das wichtige Bedürfnis nach Zugehörigkeit, das Deci und Ryan (2002) als eine von drei zentralen menschlichen Motivationsquellen bezeichnen, nur unzureichend befriedigt werden. Häufig beschäftigen sich die Kinder und Jugendlichen am Nachmittag allein und entwickeln Interessen für Tätigkeiten, bei denen man ohne Spielpartnerin oder Spielpartner auskommt, wie z. B. Programmieren, Basteln o. Ä. Vereinzelt lassen sich auch für das Alter eher untypische Interessen beobachten wie beispielsweise das Sammeln von Briefmarken (Albano, DiBartolo & Heimberg, 1995).

Besonders charakteristisch für das Verhalten von Kindern und Jugendlichen mit sozialer Ängstlichkeit sind Vermeidungstendenzen, d. h. unangenehme und angstbesetzte Situationen werden nach Möglichkeit umgangen. So kann es dazu kommen, dass die Betroffenen z. B. auch dem Unterricht fernbleiben oder schlechte Noten in Kauf nehmen, wenn sie dafür einen Vortrag vor der Klasse vermeiden können. Für diese Kinder und Jugendlichen stellt das Vermeidungsverhalten eine Strategie dar, die ihnen kurzfristig erst einmal hilft, die Angst zu reduzieren: Schließlich wird die Angst vor den vielen sozialen Situationen, die im Laufe eines Schultages auftreten, wahrscheinlich verschwinden oder zumindest weniger werden, wenn man beispielsweise den Unterricht meidet. Solche Vermeidungstendenzen zeigen sich in vielfältiger Weise, vom Verlassen des Klassenzimmers unmittelbar nach Unterrichtsschluss (um so den Smalltalk mit Mitschülerinnen und Mitschülern zu umgehen) bis hin zum angesprochenen Fernbleiben vom Unterricht. Problematisch am Vermeidungsverhalten ist, dass die Angst zwar in der unmittelbar erlebten Situation reduziert wird, langfristig jedoch aufrechterhalten wird. Denn die kurzfristig erlebte Angstreduktion wirkt bei den Betroffenen wie eine positive Verstärkung (d. h. wie eine Belohnung), und dadurch steigt die Wahrscheinlichkeit, das gleiche Verhalten in einer vergleichbaren Situation immer wieder zu zeigen (▶ Kap. 5.6 Konfrontation mit Unterstützung und ▶ Kap. 5.7 Kontingenzmanagement). In den meisten Ansätzen zum Umgang mit sozialer Ängstlichkeit wird daher auch eine Herangehensweise erarbeitet, um auf das Vermeidungsverhalten zu verzichten und sich mit unangenehmen Situationen zu konfrontieren (▶ Kap. 5.6 Konfrontation mit Unterstützung).

Zum Vermeidungsverhalten können auch verschiedene Verhaltensweisen gehören, die als Sicherheitsverhalten bezeichnet werden. Dies sind ebenfalls Strategien, um die Angst in einer Situation zu verringern bzw. die wahrgenommene soziale Bedrohung abzuwehren. Kinder und Jugendliche mit sozialer Ängstlichkeit vermeiden es beispielsweise häufig, andere anzuschauen; sie setzen sich im Klassenzimmer unbemerkt auf ihren Platz, um keine Aufmerksamkeit auf sich zu ziehen; sie sprechen oft sehr leise und schnell und bereiten Sätze im Vorfeld in Gedanken vor. Das Sicherheitsverhalten bewirkt jedoch in der Regel, dass die Selbstaufmerksamkeit zunimmt und somit auch die Unsicherheit wächst.

Soziale Ängstlichkeit macht sich also auf gedanklicher und körperlicher Ebene bemerkbar und zeigt sich ebenso im Verhalten der Kinder und Jugendlichen. In Tabelle 1 sind wichtige pädagogische Situationen zusammengestellt, in denen sich soziale Ängstlichkeit äußern kann.

Tab. 1: Wichtige pädagogische Situationen

Situation	Angst/Sorge	Mögliche dysfunktionale Verhaltensstrategie
Vor der Klasse sprechen (z. B. Referat, Vorlesen)	Etwas Falsches sagen, ausgelacht oder negativ bewertet werden	Unterricht schwänzen, Sicherheitsverhalten (z. B. nach unten schauen, schnell reden)
Gruppenarbeit im Unterricht	Etwas Dummes sagen, sich »falsch« verhalten	Nichts sagen, auf die Toilette gehen, sich krank melden
Informelle Kontaktsituationen (z. B. in der Pause, auf dem Schulweg, in der Umkleidekabine)	Etwas Peinliches machen, verspottet werden	Klassenzimmer bzw. Umkleidekabine erst unmittelbar vor Unterrichtsbeginn betreten und direkt nach Unterrichtsschluss verlassen, sich spät auf den Schulweg begeben, Unterricht schwänzen
Einladung zum Geburtstag	Etwas Peinliches machen, sich nicht angemessen verhalten, außen vor sein	Einladung nicht annehmen

3.2 Häufigkeit und Verlauf

Im Kindesalter lässt sich bei etwa 1–3 % der Kinder eine klinisch auffällige soziale Angststörung feststellen (Essau, Conradt & Petermann, 2000), bei Jugendlichen und jungen Erwachsenen sind es etwa 5–10 % (Wittchen, Stein & Kessler, 1999). Damit ist sie eine der häufigsten Störungen im Kindes- und Jugendalter. Es ist entsprechend davon auszugehen, dass die Zahl nicht diagnostizierter bzw. subklinischer Auffälligkeiten deutlich höher liegt. Der Beginn soziraler Ängstlichkeit liegt typischerweise zwischen 11 und 13 Jahren. Eine Voraussetzung, um überhaupt soziale Angst zu entwickeln, ist, dass sich Kinder über Bewertungen anderer Menschen bewusst sind. Man geht davon aus, dass dieses Bewusstsein ab etwa 8 Jahren entwickelt ist. Dann nimmt auch die Fähigkeit zu, Situationen aus anderen Perspektiven zu betrachten und soziale Vergleiche anzustellen. Obwohl das Erleben sozialer Unsicherheit in der Kindheit durchaus Teil einer normalen Entwicklung ist (King, Hamilton & Ollendick, 1988) – dazu gehört beispielsweise auch das Fremdeln, das man bei vielen Säuglingen ab etwa acht Monaten beobachten kann –, kann die Furcht vor negativen Bewertungen anderer so stark sein, dass sie nicht mehr als angemessen und gewöhnliche Reaktion betrachtet wird. So wird die Einladung zu einem Kindergeburtstag plötzlich zu einem belastenden Ereignis oder eine bevorstehende Klassenfahrt zu einer als kaum bezwingbar erscheinenden Hürde. Mit dem Erreichen des Jugendalters nehmen soziale Entwicklungsaufgaben eine sehr zentrale Rolle ein: Die Entwicklung von Autonomie, das Identifizieren mit einer Peergroup oder der Aufbau enger Freundschaften – für Jugendliche mit sozialer Angst sind diese Schritte in ihrer Identitätsentwicklung besonders furchterregend und bedrohlich, weil sie Angst vor Zurückweisung haben. Soziale Situationen werden in der Folge häufig vermieden, was wiederum den Aufbau sozialer Beziehungen erschwert. Das Vermeidungsverhalten betrifft insbesondere auch schulische Situationen: Um die unangenehme Angst zu umgehen, entwickelt sich bei Kindern und Jugendlichen mit sozialer Ängstlichkeit oft eine Tendenz, dem Unterricht fernzubleiben. Langfristig geht diese Schulvermeidung allerdings mit Leistungs- und sozial-emotionalen Problemen einher (z. B. Kearny, 2001) und kann letztlich auch zum Schulabbruch führen (Epstein & Sheldon, 2002).

Soziale Angst im Kindes- und Jugendalter gilt zudem als Risikofaktor für das Auftreten anderer Angststörungen, depressiver Störungen, Substanzstörungen oder Essstörungen (Wittchen, Fuetsch, Sonntag, Müller & Liebowitz, 2000).

3.3 Risiko- und Schutzfaktoren

Für die Entstehung sozialer Ängstlichkeit spielen vielfältige Faktoren eine Rolle. Dabei lässt sich nicht eine einzelne Ursache identifizieren; vielmehr ist es das Zusammenspiel mehrerer solcher Risikofaktoren, das die Wahrscheinlichkeit erhöht, dass eine Person soziale Ängstlichkeit entwickelt. So gibt es Bedingungen, die einer Entstehung von Ängstlichkeit vorausgehen, Ereignisse, die Ängstlichkeit auslösen, und Faktoren, die zur Aufrechterhaltung der Ängstlichkeit beitragen. Einen gewissen Einfluss haben dabei auch biologische Prädispositionen, also Veranlagungen oder Persönlichkeitsfaktoren. Beispielsweise kann ein stark zurückhaltendes Temperament oder die Neigung, schneller zu erschrecken, die Entwicklung sozialer Ängstlichkeit begünstigen (Kagan, Reznick & Snidman, 1987). Familiäre Häufungen sind ebenso ein biologischer Risikofaktor (Kendler, Karkowski & Prescott, 1999). Meist sind erstgeborene oder Einzelkinder betroffen.

Auch psychosoziale Faktoren sind bei der Entstehung sozialer Ängstlichkeit involviert: Ein geringer Selbstwert und ein ungünstiger Verarbeitungsstil von Ereignissen, bei dem man dazu neigt, sich selbst die Schuld zu geben, können dazu beitragen, dass sich soziale Unsicherheiten entwickeln. Elterliches Verhalten ist in verschiedener Hinsicht relevant: Ein überbehütender Erziehungsstil in Kombination mit einem hohen Maß an Kritik und Zurückweisung kann begünstigen, dass Kinder in sozialen Situationen mit größerer Angst reagieren (Hudson & Rapee, 2000). Zudem stellt die Familie ein wichtiges Lernumfeld für Kinder dar: Die Eltern dienen dabei als Modelle, von denen Kindern durch Beobachtung und Nachahmen häufig übernehmen, wie bestimmte Dinge wahrgenommen und bewertet werden oder wie mit spezifischen Situationen umgegangen wird. Bewerten Eltern beispielsweise soziale Normen als extrem wichtig, steigt die Wahrscheinlichkeit, dass ihre Kinder dies ebenfalls tun. Auch eine übertriebene Erwartungshaltung der Eltern stellt einen Risikofaktor für Unsicherheit und Ängste dar.

Auslösende Faktoren sind häufig unangenehme und schambesetzte Erfahrungen (z. B. ausgelacht werden). Auch Gefühle von Panik oder Hilflosigkeit, die im Kontext sozialer Situationen entstehen (z. B. Hänseleien oder Übergriffe von anderen), können soziale Ängstlichkeit begünstigen. Gravierende Veränderungen wie die Trennung der Eltern, ein Umzug oder der Übergang zur weiterführenden Schule sind weitere Faktoren, die dabei eine Rolle spielen können.

Für die Aufrechterhaltung sozialer Ängstlichkeit sind vor allem Vermeidungs- und Fluchtverhalten entscheidend: Hierdurch erleben die Kinder eine kurzfristige Angstreduktion, wodurch die Wahrscheinlichkeit erhöht wird, dass sie solche Vermeidungstendenzen erneut zeigen werden. Auch das dargestellte Sicherheitsverhalten trägt zur Aufrechterhaltung bei (▶ Kap. 5.6 Konfrontation mit Unterstützung und ▶ Kap. 5.7 Kontingenzmanagement).

Aus den Risikofaktoren ergeben sich auch eine Reihe von Schutzfaktoren, die einer Entwicklung sozialer Ängstlichkeit entgegenstehen können. Intakte Beziehungen innerhalb der Familien und ein Beziehungsverhalten innerhalb der Familie, bei dem realistische Erwartungen gestellt werden und dem Kind mit Vertrauen in seine Fähigkeiten begegnet wird, sind wichtige Aspekte, die zur Entwicklung einer sicheren Bindung und eines positiven Selbstwertgefühls beitragen. Pflegen die Eltern bei alltäglichen Belastungen eine Konfrontation mit Unterstützung, werden Vermeidungs- und Rückzugstendenzen der Kinder nicht verstärkt und aufrechterhalten, sondern proaktives Handeln unterstützt? Dies würde dazu beitragen, dass positive Erfahrungen gemacht und eigene Stärken wahrgenommen werden. Damit wäre der Grundstein für eine gesunde psychosoziale Entwicklung gelegt.

4
Prüfungsängstlichkeit

Der schulische und später der berufliche Erfolg spielt in unserem Kulturkreis eine fundamental wichtige Rolle, die in einem Zusammenhang mit der allgemeinen Lebenszufriedenheit steht. Eine weit verbreitete, hier nicht zu diskutierende Haltung zur Rolle schulischer Bewertungen besteht darin, dass sie als Vorbereitung auf berufliche Bewertungen zu verstehen sind. Solche schulischen Bewertungen finden teilweise in expliziten Prüfungssituationen statt – aber auch, wenn alltägliches schulisches Verhalten wie »Mitarbeit« bzw. die Quantität und Qualität mündlicher Beiträge Gegenstand der Bewertung ist, handelt es sich um eine Prüfungssituation. Insofern finden sich im Sozialraum Schule überaus vielfältige Situationen, in denen Leistungsbewertungen erfolgen.

Dabei entstehen vielfach Belastungsmomente, die bei Schülerinnen und Schülern als Auslöser von Prüfungsängsten wirken können, wie beispielsweise Anforderungssituationen, Feedbacks, Wettkämpfe, Vorträge oder auch ein offener Austausch, der in eine Bewertung einfließt. Faktoren, die zu der Entstehung von Prüfungsängsten beitragen können, sind neben der Situation selbst die dort handelnden Personen, das Niveau der bearbeiteten Inhalte, die zur Prüfung angesetzte Prozedur sowie die aus einer Bewertung resultierenden Konsequenzen.

Die Anzahl spezifischer Beratungsangebote für Menschen, bei denen sich Prüfungsängste zeigen, ist angesichts ihrer Relevanz erstaunlich klein (Kossak, 2016). Dies gilt umso mehr, als in der Umsetzung des Ziels einer inklusiven Bildung die Risiken für eine Entwicklung von Prüfungsängsten zugenommen haben – besonders bei einer leistungsbezogenen oder sozialen Überforderung von Kindern und Jugendlichen. Prüfungsängste gehören also auch zu den sozialen Ängsten (Morschitzky, 2009), deren Wesen in einer antizipierten negativen sozialen Bewertung besteht (s. Kapitel 3).

4.1 Merkmale von Prüfungsängsten

Manche Schülerinnen und Schüler erleben in den genannten leistungsrelevanten Situationen eine starke »Angst vor dem Versagen« (vgl. ICD-10, F 40). Dabei geht es zuallererst um die dabei befürchtete negative Bewertung (Metzig & Schuster, 2018). Diese Angst kann mit körperlichen Symptomen verbunden sein, wie beispielsweise einem Erröten im Kopfbereich, belastenden Bauchbeschwerden, Kreislaufproblemen, erlebter innerer Erregung oder erhöhter Atemfrequenz.

Eine ganze Reihe unterschiedlicher kognitiver Symptome kann parallel auftreten. Manche Schülerinnen oder Schüler leiden beispielsweise unter belastenden dysfunktionalen Gedanken, was die negativen Auswirkungen eines ungünstigen Prüfungsverlaufs anbelangt. Diese können bereits deutlich vor einem Prüfungsereignis auftreten und dann Vermeidungsverhalten befördern. Das konkurrierende Aufflackern von Angstgedanken während einer Prüfungssituation kann die benötigte Leistungsfähigkeit insbesondere des Arbeitsgedächtnisses beeinträchtigen. Es zeigt sich dort, dass Prüfungsängstlichkeit mit Schwierigkeiten in der Inhibition von Gedanken einher geht, d.h. dem Unterdrücken konkurrierender Gedanken zugunsten prüfungsrelevanter Inhalte, wie z.B. der Vorstellung einer katastrophalen Rückmeldung noch während des Prüfungsgesprächs. Es können zudem Beeinträchtigungen spezifischer kognitiver Leistungen wie z.B. der Rechenkompetenz auftreten. Insgesamt können höhere Denkfunktionen wie die Planung und Überwachung von kognitiven Prozessen betroffen sein. Gleichzeitig tritt bei einigen Kindern und Jugendlichen eine Reduktion der kognitiven Flexibilität auf, was sich bei Prüfungen besonders ungünstig auswirken kann. In der Situation der erlebten Prüfungsangst treten darüber hinaus bei manchen Menschen Beeinträchtigungen des Verbalisierens auf, andere erleben kurzfristig motorische Kompetenzverluste oder einen allgemeinen Verwirrtheitszustand. Die Interaktion der Symptome kann zu einer Eskalation der Beeinträchtigungen führen: Beispielsweise kann ein dominanter Angstgedanke (z.B. »Diese Frage habe ich falsch beantwortet!«) das Verständnis der nachfolgenden Frage und die Vorbereitung der Antwort durch die nunmehr reduzierte Planungsfähigkeit tangieren.

Die Neigung zu Prüfungsängsten und die schulische Leistung stehen also in einem umgekehrten Verhältnis. Je stärker die Prüfungsängste, desto geringer ist die Prüfungsleistung, was wiederum die Prüfungsängste in einer negativen Feedbackschleife verstärkt.

In der Konsequenz vorhandener Prüfungsängste entwickelt sich nicht selten das dargestellte ungünstige Vermeidungsverhalten. Denn dies wiederum verstärkt die Prüfungsängste insofern als kein Verlernen der Prüfungsangst erfolgen kann und keine ausreichenden Kompetenzen zur Bewältigung der Situation entstehen, sondern ein Muster der Angstreduktion durch Flucht verstärkt wird (▶ Kap. 5.6 Konfrontation mit Unterstützung und ▶ Kap. 5.7 Kontingenzmanagement).

Schülerinnen und Schüler erleben Prüfungsängste als Angst vor der bedrohlichen Situation und insbesondere auch als eine Angst vor einer Belastung des Selbstkonzepts und sozialen Beschämung. Prüfungsängste können insofern langfristig einen negativen Einfluss auf die Lebensqualität von Schülerinnen und Schülern nehmen (Pixner & Kaufmann, 2013) und die schulische Biografie, deren Erleben und deren Erfolg schwer beeinträchtigen.

4.2 Häufigkeit und Verlauf

Grundschüler sind noch seltener durch Prüfungsängste belastet. Die Belastung steigt aber insgesamt mit den Jahren, wobei deutlich wird, dass die Dauer der durchlebten Schulzeit und die Ausprägung von Prüfungsängsten zusammenhängen und insofern als Vorhersagekriterium herangezogen werden kann (Mazzone et al., 2007). Die im Jugendalter ansteigende Quote der von Prüfungsängsten Betroffenen führt bei männlichen Jugendlichen zu einer Zunahme der schulischen Fehlzeiten. Dieser Zusammenhang ist bei weiblichen Schülern weniger klar erkennbar. Hier manifestiert sich eine ausgeprägtere Bereitschaft zu einer Anpassungsleistung u. a. mit verstärkten schulischen Anstrengungen und einer Konfrontation mit Prüfungssituationen trotz erlebter Belastung, was aber zu größerem Stresserleben und schulischer Angst führen kann (vgl. Kossak, 2016).

Döpfner et al. (2006) quantifizieren die Häufigkeit der genannten Symptome bei Kindern und Jugendlichen im Alter zwischen 8 und 18 Jahren um ca. 20 %.

4.3 Risiko- und Schutzfaktoren

Die Entstehung von Prüfungsängsten muss als individuell in aller Regel durch verschiedene Faktoren mitbedingt verstanden werden. Das familiäre Umfeld bzw. Merkmale der Eltern-Kind Interaktion ist ein wirksamer Faktor, sowohl als Schutz als auch Risiko für die Entwicklung von Prüfungsängsten. Als Risikofaktor wirkt eine Tendenz zur übermäßigen Ängstlichkeit der Eltern gegenüber den schulischen Anforderungen an ihr Kind, verbunden mit hohen Erwartungen an die Qualität der zu erbringenden Leistungen. Schützend wiederum wirkt ein hoher familiärer Zusammenhalt, d.h. eine von schulischen Leistungen unabhängige, wertschätzende und unterstützende positive Beziehung zwischen Eltern und Kind bzw. Jugendlichem.

Die familiären Einflüsse und biografischen Erfahrungen im Umgang mit Prüfungssituationen tragen zu einem Muster der Ursachenzuschreibung bei, das wiederum sekundär verstärkend wirken kann. Schülerinnen oder Schüler, die negative Leistungsrückmeldungen der eigenen Leistungsfähigkeit zuschreiben, erleben diese als bedrohlicher, was das Bedürfnis nach Vermeidung von Prüfungssituationen erneut erhöht. Manchmal spielen auch andere dysfunktionale Bewertungen im Vorfeld oder während der Prüfung eine große Rolle: Einschießende negative Gedanken (s. o.) beeinträchtigen die kognitive Leistungsfähigkeit, sodass eine sukzessive Reduktion von katastrophisierenden Gedanken und negativen Verallgemeinerungen sowie der Aufbau einer positiven Selbstinstruktion eine wirksame Unterstützung sein kann.

Das Zusammenwirken von zwei Faktoren (Mowrer, 1956) in der Entstehung und Aufrechterhaltung der Prüfungsängste können individuell ebenso bedeutsam sein. Dies lässt sich so beschreiben, dass im ersten Schritt eine eigentlich neutrale Situation (das Sprechen vor einer Gruppe, an der Tafel-Stehen, Dialog mit Lehrkraft) mit einer sehr negativen Erfahrung (erlebte Beschämung, negatives Feedback von Gleichaltrigen, Ausgelacht-Werden) verbunden wird (klassische Konditionierung). Diese Situation wird im zweiten Schritt zur Vermeidung der Wiederholung der negativen Erfahrung gemieden. Das Vermeiden bewirkt schließlich, dass die Angst in der Antizipation der Situation unmittelbar nachlässt, was kurzfristig verstärkend wirkt (operante Konditionierung). Langfristig kann auf diese Weise aber keine neue, bessere Prüfungserfahrung stattfinden. Ein Verlernen der ungünstigen Prüfungserfahrung findet somit nicht statt, und Vermeidung wird zur dominanten Handlungsform, wenn Prüfungsängste erlebt werden.

Merkmale des Lernumfelds Schule sind gleichfalls wirksame Faktoren, die die Prüfungsängste verstärken oder abfedern können. Sicherlich wirkt ein hoher Leistungsdruck in der Prüfungssituation negativ im Sinne einer Zunahme der erlebten Angst. Ebenso ungünstig ist es, wenn die Anforderungen wenig transparent sind und insofern die Situation als nicht kontrollierbar erlebt wird.

Eine ganze Reihe von pädagogischen Möglichkeiten zur Linderung der Prüfungsängste können beschrieben werden. Hierzu zählt zunächst ein Transparentmachen der Prüfungsinhalte durch gezielte Informationen im Vorfeld. Das präzise Beschreiben von klaren und realistischen Zielen einer Prüfung gehört ebenso dazu wie Vorschläge für eine zielführende Vorbereitung, Prüfungsbeispiele in Form von Fragen und die Möglichkeit zur Habituation in vergleichbaren Prüfungssituationen und Rückmeldung zur Leistung in dieser Probesituation. In der Prüfungssituation selbst kann die gemeinsame Stressbewältigung von Prüfenden und Prüflingen helfen, beispielsweise durch Metakommunikation über die Situation, sprechen über die Angst, das allmähliche Annähern an die Prüfungsthemen und das Normalisieren von kleinen Fehlern auf beiden Seiten. Hilfreich ist es, wenn zu Prüfende ein mittleres Entspannungsniveau erreichen, was die Bedeutung von individuellen Kompetenzen in der gezielten Entspannung im Vorfeld einer Prüfung deutlich macht.

Das Verringern der leistungsbezogenen Ursachen von Prüfungsängsten, insbesondere bei Methodendefiziten in der Vorbereitung, sollte ebenso nicht vergessen werden. Selbstredend führt eine Unterstützung im begleitenden Arbeitsverhalten und die Vermittlung von Lernstrategien dazu, dass sich die beobachtbaren Prüfungsleistungen steigern können. Die erlebte Kompetenz fördert zudem die dann empfundene fachliche Sicherheit, wobei begleitende Tagebuchaufzeichnungen dies nachprüfbar und authentisch unterstützen können.

Tab. 2: Risiko- und Schutzfaktoren für die Entwicklung von Prüfungsängsten

	Risiko	**Schutz**
Eltern	Ängstlichkeit bezüglich schulischer Anforderungen Sehr hohe Erwartungen	Familiärer Zusammenhalt unterstützende positive Beziehung
Kind	Ungünstige Ursachenzuschreibung Dysfunktionale Bewertungen Vermeidungsverhalten Methodendefizite	Positive Selbstinstruktion Mittleres Entspannungsniveau
Schulumfeld	Leistungsdruck Wenig transparente Anforderungen	Realistische Ziele Zielführende Vorbereitung Metakommunikation und Stressbewältigung vor und während Prüfungen Vermittlung von Lernstrategien

Für alle Beteiligten kann es erhellend und in der Bewältigung sehr hilfreich sein, sich die Breite möglicher Einflussfaktoren deutlich zu machen. Dies gilt sowohl für die Risiko- als auch für die Schutzfaktoren. Hieraus ein individuelles Modell zur Entstehung und Aufrechterhaltung der Prüfungsängste zu entwickeln, erleichtert die Planung wirksamer schulischer Interventionen. Hierfür kann die Analyse von ggf. weiterhin wirksamen Auslösern, schützenden und gefährdenden familiären Faktoren, vorhandene dysfunktionale Bewertungen, ungünstige Lernaktivitäten und Vermeidungswünsche nützlich sein.

5

Pädagogische Grundlagen

5.1 Pädagogische Diagnostik

Die Diagnose einer klinischen Angststörung erfolgt in der Regel durch psychotherapeutisches bzw. psychiatrisches Fachpersonal. Doch auch für Pädagoginnen und Pädagogen ist diagnostisches Wissen über schulbezogene Ängste vor allem aus zwei Gründen relevant:

1. Lehrkräfte sind häufig diejenigen Fachkräfte, denen schulbezogene Ängste bei Kindern und Jugendlichen als Erste auffallen, noch bevor eine klinische Diagnose gestellt wurde. Ihnen kommt im diagnostischen Prozess also eine entscheidende Rolle zu: Ver-

fügen sie über ausreichende Kompetenzen, können sie Auffälligkeiten rechtzeitig erkennen, richtig einschätzen und weitere Schritte einleiten (z. B. Kontaktaufnahme zu Erziehungsberechtigten, Einbeziehung therapeutischen Personals etc.).
2. Auch Ängste, bei denen nicht alle Kriterien für eine formale Diagnose erfüllt sind, können für die Betroffenen sehr belastend sein. Relevante schulbezogene Ängste müssen also nicht zwangsläufig klinisch auffällige Störungsbilder sein, um Maßnahmen zur Förderung und Unterstützung erforderlich zu machen. Die pädagogischen Fachkräfte an den Schulen sollten also möglichst in der Lage sein, auch diese subklinischen Ängste zu identifizieren, um geeignete Förderangebote zu entwickeln.

In diesem Kapitel wird daher ein Überblick über Möglichkeiten gegeben, im pädagogischen Rahmen Anzeichen für schulbezogene Ängste zu erkennen.

5.1.1 Verhaltensbeobachtung

Grundsätzlich ist die Beobachtung von Verhalten im Schulkontext eine naheliegende Methode der pädagogischen Diagnostik, da sie einfach und universell eingesetzt werden kann. Generell beobachten und beurteilen Lehrkräfte im Schulalltag nahezu permanent das Verhalten ihrer Schülerinnen und Schüler. Von solchen alltäglichen Beobachtungen abzugrenzen ist jedoch die systematische Verhaltensbeobachtung, die im Gegensatz zur Alltagsbeobachtung immer zielgerichtet, geplant und überprüfbar ist. Alltagsbeobachtungen sind dagegen eher intuitiv, ungeplant und verfolgen kein klares Ziel. Sie sind daher unsystematisch und weitaus fehleranfälliger als systematische Beobachtungen und damit für die Diagnostik eher ungeeignet. Eine systematische Verhaltensbeobachtung kann hingegen insbesondere als erster diagnostischer Schritt Aufschluss über Auffälligkeiten im Erleben und Verhalten geben und somit als Ausgangspunkt für weitere Maßnahmen dienen. Da die

Wahrnehmung und Interpretation von Verhalten aber immer ein subjektiv eingefärbter Prozess ist, der durch Erwartungen und Eigenschaften der beobachtenden Person beeinflusst wird, werden bei der systematischen Verhaltensbeobachtung Beobachtungsbögen eingesetzt, um Fehler und Verzerrungen zu minimieren. Für bestimmte Fragestellungen gibt es etablierte und manualisierte Verfahren, die man im Schulkontext anwenden kann. Für individuelle Fragestellungen können pädagogische oder schulpsychologische Fachkräfte aber auch eigene Beobachtungsbögen erstellen. Wichtig ist, dass dabei im Vorfeld festgelegt wird, was, wann und wie genau beobachtet wird. Es werden also detaillierte Kriterien erstellt, nach denen die Beobachtung erfolgen soll. So können beispielsweise zunächst alle zu beobachtenden Verhaltensweisen aufgelistet werden; durch Führen einer dokumentierenden Strichliste wird dann das Auftreten des jeweiligen Verhaltens markiert. Auch Abstufungen, z. B. bei der Intensität bestimmter Verhaltensweisen, können erfasst werden, indem Ratingskalen verwendet werden (z. B. eine Skala von 1-5).

Zu beachten ist auch, wer die Beobachtung durchführen soll. Beobachtet beispielsweise die Lehrkraft selbst das Verhalten (diese Form der Beobachtung wird als aktiv-teilnehmende Beobachtung bezeichnet), treten aufgrund der Doppelrolle als Lehrkraft und Beobachterin bzw. Beobachter leichter Fehler auf als bei einer Beobachtung durch eine zusätzliche Person, die sich im Klassenraum befindet (passiv-teilnehmende Beobachtung) oder bei einer Aufzeichnung mit einer Videokamera (nicht-teilnehmende Beobachtung).

5.1.2 Funktionale Verhaltensanalyse (SORCK-Modell)

Schulbezogene Ängste sind komplexe Verhaltensmuster, und daher sollte bei einer Verhaltensbeobachtung die jeweilige Angstreaktion nicht isoliert betrachtet werden. Vielmehr sollten auch vorausgehende, auslösende und aufrechterhaltende Bedingungen analysiert werden. Auf diese Weise kann ein umfassendes Netz aus verschiedenen Faktoren entstehen, die für die jeweilige Angstreaktion von Bedeutung sind (Kanfer, Reinecker & Schmelzer, 2006). Eine systematische und relativ einfach anzuwendende Methode einer solchen Verhaltensanalyse, die über die in Kapitel 5.1.1 (▶ Kap. 5.1.1) dargestellte Verhaltensbeobachtung hinausgeht, ist das SORCK-Modell (Borg-Laufs, 2020; Kanfer & Saslow, 1965). Das SORCK-Modell kann von Pädagoginnen und Pädagogen in nahezu allen denkbaren Situationen angewendet werden, um auffälliges Verhalten besser zu verstehen und auch, um mögliche schulbezogene Ängste frühzeitig zu erkennen. Der Begriff des SORCK-Modells lässt sich dabei aus den fünf Bestandteilen der Verhaltensanalyse ableiten:

1. S: Stimulus

    Ein Stimulus ist ein situativer Reiz, der ein bestimmtes Verhalten anregt oder auslöst. Zieht beispielsweise die Mutter eines Kindes mit Trennungsängstlichkeit am Morgen ihren Mantel an, kann dies für das Kind den Hinweis auf die anstehende Trennung bedeuten und unmittelbar eine Angstreaktion mit Weinen und Klammern auslösen.
2. O: Organismus

    Mit Organismusvariablen sind im SORCK-Modell Merkmale gemeint, die die zu beobachtende Person mitbringt. Das können biologisch-physiologische oder auch psychosoziale Merkmale sein. Im Kontext schulbezogener Ängste sind dabei auf biologisch-physiologischer Ebene vor allem Variablen relevant wie eine leichte Erregbarkeit oder eine genetische Prädisposition und auf psychosozialer Ebene Aspekte wie z. B. negative Einstellungen, Erwartungen und Befürchtungen oder ein ungünstiges Selbstkonzept und verzerrte Annahmen. Die Organismusvariablen sind deshalb wichtig zu berücksichtigen, weil sie maßgeblich dafür verantwortlich sind, wie Reize (S) wahrgenommen und interpretiert werden. Schülerinnen und Schüler mit sozialer Ängstlichkeit, die große Angst davor haben, negativ bewertet oder verspottet zu werden, könnten beispielsweise das Getuschel von Mitschülerinnen und Mitschülern als Bedrohung wahrnehmen, weil sie annehmen, die anderen würden schlecht über sie reden oder sich lustig machen. In der Verhaltensanalyse konzentriert man sich auf diejenigen Persönlichkeitsmerkmale, die für das jeweilige Verhalten (d. h. die Angstreaktion) auch wirklich relevant sind.

3. R: Reaktion

Als Reaktion wird im SORCK-Modell das Verhalten bezeichnet, das auf die auslösenden Bedingungen folgt. Während das in vielen Anwendungsfällen der Verhaltensanalyse alle denkbaren Verhaltensweisen einschließt und neben kognitiven (z. B. sorgenvolle Gedanken), emotionalen (z. B. Gefühle von Aufregung, Nervosität) und physiologischen Reaktionen (z. B. erröten, schwitzen, zittern) auch die motorischen Reaktionen (z. B. weglaufen, schreien) beinhaltet, ist damit bei der Analyse von Ängsten zunächst nur die eigentliche Reaktion mit Angstsymptomen gemeint, d. h. Reaktionen, die nicht direkt kontrollierbar sind und für die erwartete Konsequenzen keine Rolle spielen. Eine solche Reaktion wird als respondente Reaktion bezeichnet. Das bedeutet, dass das Vermeidungsverhalten hier als erste Reaktion noch nicht aufgeführt wird, denn dieses wird maßgeblich von den erwarteten Konsequenzen beeinflusst (nämlich, dass sich die Angst durch das Vermeidungsverhalten reduziert). Konkret stellen im SORCK-Modell also die auftretenden kognitiven, emotionalen und physiologischen Angstsymptome die Angstreaktion (R_1) dar, die wiederum einen neuen Stimulus darstellt (S_2), auf den dann Verhaltensweisen erfolgen, die der Vermeidung bzw. Reduktion der Angst dienen (R_2).

4. C: Konsequenz (englisch: Consequence)

Die meisten Verhaltensweisen führen zu Konsequenzen, die als positiv oder negativ empfunden werden. Das bedeutet, dass diese Konsequenzen das Verhalten auch entsprechend positiv oder negativ verändern: Wird eine Konsequenz als positiv verstärkend (d. h. als Belohnung) wahrgenommen, wird das gezeigte Verhalten daher in zukünftigen vergleichbaren Situationen wahrscheinlich wieder gezeigt. So wird beispielsweise ein Kind, das sich im Supermarkt laut schreiend auf den Boden wirft und daraufhin den Lolli bekommt, den es haben möchte, voraussichtlich auch beim nächsten Einkauf laut schreien und auf den Boden werfen, wenn es einen Lolli haben möchte, weil sein Verhalten positiv verstärkt wurde. Dagegen wird es dieses Verhalten beim nächsten Einkauf vermutlich nicht zeigen, wenn es nicht zum Erfolg geführt hat, d. h. dass der Verstärker (der Lolli) ausgeblieben ist oder das Verhalten sogar zu einer negativen Konsequenz geführt hat. Für das Verhalten spielen also die (erwarteten) Konsequenzen eine entscheidende Rolle. Für schulbezogene Ängste bedeutet das vor allem, dass die Konsequenzen relevant sind, die auf das Vermeidungsverhalten (R_2) folgen: Und in der Regel führt Vermeidungsverhalten (z. B. Fernbleiben vom Unterricht) dazu, dass die Angst reduziert wird und die Betroffenen eine kurzfristige Erleichterung spüren, die wie ein positiver Verstärker wirkt. Mit anderen Worten: Das Vermeidungsverhalten wird unmittelbar verstärkt und damit steigt die Wahrscheinlichkeit, dass es auch in der nächsten angstauslösenden Situation gezeigt wird. Das wird langfristig jedoch zum Problem, denn die Ängstlichkeit kann dadurch nicht bewältigt werden; unangenehme Situationen bleiben also langfristig angstauslösend. Das Vermeidungsverhalten führt dementsprechend zu einer Aufrechterhaltung der Angst.

5. K: Kontingenz

Mit der Kontingenz wird die Wahrscheinlichkeit bezeichnet, mit der die entsprechenden Konsequenzen (C) auf das gezeigte Verhalten folgen. Für das Lernen bzw. Verfestigen von Verhaltensweisen spielt die Kontingenz der Verstärkung eine wichtige Rolle: Folgt beispielsweise auf ein Verhalten (R) jedes Mal verlässlich die gleiche positive Konsequenz (C), wird das Verhalten schnell erlernt. Man spricht von einer kontinuierlichen Verstärkung. Bleibt dann jedoch die Konsequenz (C) einmal aus, wird das Verhalten (R) auch schnell wieder gelöscht. Demgegenüber steht die intermittierende Verstärkung: Hier wird das Verhalten (R) häufig, aber nicht jedes Mal positiv verstärkt (C). Das führt dazu, dass es länger dauert, bis das Verhalten wirklich fest übernommen wird – es ist dann jedoch deutlich resistenter gegenüber ausbleibender Verstärkung, d. h. es wird nicht so schnell wieder gelöscht oder modifiziert. Bei schulbezogenen Ängsten wird in der Regel das Vermeidungsverhalten regelmäßig, d. h. kontinuierlich verstärkt, weil die Angstreduktion wiederholt eintritt.

5.1.3 Angsthierarchie

Mit einer Angsthierarchie können Lehr- oder andere Fachkräfte die erlebte Intensität der Angst von Kindern und Jugendlichen in verschiedenen Situationen erfassen. Dadurch lässt sich gut erkennen, welche Situationen als besonders unangenehm und bedrohlich wahrgenommen werden und welche Situationen für die Betroffenen leichter auszuhalten sind. Die Angsthierarchie ist also ein individuelles und situationsbezogenes Maß zur Angsteinschätzung und stellt eine sinnvolle Grundlage für Förderangebote dar; insbesondere für Expositionsübungen, also die Konfrontation mit angstauslösenden Reizen, ist die Angsthierarchie ein zentrales Element (▶ Kap. 5.6 Konfrontation mit Unterstützung). Die Befragten erhalten dabei eine Auflistung verschiedener Situationsbeschreibungen (z. B. für soziale Ängstlichkeit: Situation 1 – Ich komme vor der ersten Stunde ins Klassenzimmer. Es herrscht reges Treiben: Mehrere Gruppen meiner Mitschülerinnen und Mitschüler stehen zusammen und unterhalten sich. / Situation 2 – Ich lese einen Text im Unterricht laut vor.). Bei jüngeren Kindern ist eine Auswahl an 4-6 Situationen ausreichend, bei Jugendlichen können es durchaus mehr sein. Für jede Situation geben die Befragten auf einer mehrstufigen Skala an, wie hoch ihre Angst in einer solchen Situation ist, z. B. von 1 (kein Problem) bis 5 (nicht auszuhalten). Soll diese Skala anschaulicher gestaltet werden (was insbesondere für jüngere Kinder sinnvoll ist), kann man statt der Zahlenwerte ein *Angstthermometer* verwenden: Dabei werden die Skalenpunkte

(5: *nicht auszuhalten*, 4: *sehr schwierig*, 3: *schwierig* etc.) mit Temperaturangaben betitelt (*zu heiß, heiß, sehr warm* etc.). Anhand dieser Bewertung können die Situationen anschließend in eine Rangfolge gebracht werden, sodass man einen Überblick über wenig bis stark angstauslösende Situationen erhält.

Alternativ kann man auch die Kinder und Jugendlichen selbst Situationen beschreiben lassen, anstatt ihnen eine vorgefertigte Beschreibung vorzulegen. Wichtig ist für eine spätere Exposition, dass die Varianz der Angstintensität ausreichend ist, um sich schrittweise von wenig angstauslösenden bis stark angstauslösenden Situationen annähern zu können.

5.1.4 Elterngespräch und Familienanamnese

Der Kontakt zu Eltern von betroffenen Kindern und Jugendlichen ist auch eine wichtige diagnostische Quelle. In Gesprächen mit den Eltern können Pädagoginnen und Pädagogen Einblick in die familiäre Situation erhalten und hilfreiche Informationen über den Belastungsgrad der Kinder und Jugendlichen erhalten. Haben die Betroffenen beispielsweise körperliche Beschwerden, die mit schulbezogenen Ängsten in Verbindung stehen könnten, bleibt dies Lehrkräften mitunter verborgen, während Eltern Aussagen darüber treffen können, wenn ihr Kind z. B. über morgendliche Bauchschmerzen klagt. Auch lässt sich im Austausch mit Eltern besser in Erfahrung bringen, welche Strategien die betroffenen Kinder und Jugendlichen zur Angstbewältigung einsetzen. Aber nicht nur das Erleben und Verhalten der Kinder und Jugendlichen, sondern auch das familiäre Miteinander und das Elternverhalten sind Bestandteile eines Elterngespräches. Häufig wird Vermeidungsverhalten der Betroffenen von ihren Eltern unbewusst verstärkt, weil diese z. B. Mitleid oder ein schlechtes Gewissen haben, wenn sie ein weinendes Kind zur Schule bringen. Solche verstärkenden Prozesse können in einem Elterngespräch erhoben werden. Auch ein mögliches Modellverhalten von Eltern ist von Interesse: Wie verhalten sich die Eltern selbst in sozialen Situationen? Meiden möglicherweise selbst Kontakte oder umgeben sie sich gern mit vielen Menschen?

Schließlich sind im Sinne einer Familienanamnese auch mögliche psychische Vorbelastungen in der Familie relevant: Sind beispielsweise in der Familie bereits internalisierende Störungen oder Auffälligkeiten bekannt, kann dies mit schulbezogenen Ängsten der Kinder durchaus in Zusammenhang stehen.

Wichtig in einem Elterngespräch ist stets eine positive und wertschätzende Haltung: Die Zusammenarbeit mit den Eltern ist immer auch im späteren Prozess der Förderung und Unterstützung ein wesentlicher Bestandteil (▶ Kap. 5.7), deshalb sollte direkt zu Beginn bereits Wert auf eine erfolgreiche Kooperation gelegt werden.

5.1.6 Weiterführende Aspekte pädagogischer Diagnostik

Ebenen der Angst berücksichtigen oder: multimodale Diagnostik

Schulbezogene Ängste wirken sich auf verschiedenen Ebenen aus (▶ Kap. 2–4): Sie sind mit bestimmten Gedanken (kognitive Ebene), körperlichen Reaktionen (physiologische Ebene) und Verhaltensweisen (verhaltensbezogene Ebene) verbunden. Als pädagogische Fachkraft ist es dementsprechend wichtig, diese Multimodalität zu berücksichtigen, wenn es darum geht, die Angstreaktion einer Schülerin oder eines Schülers einzuschätzen:

- Es sollte erfasst werden, welche kognitiven Prozesse eine Rolle spielen: Welche Sorgen machen sich die Betroffenen, welche Befürchtungen haben sie? Welche möglicherweise verzerrten Überzeugungen lassen sich erkennen? Um die individuellen Gedanken und Annahmen zu erfassen, eignen sich in erster Linie Gespräche, bei denen die betroffenen Kinder und Jugendlichen anhand konkreter Situationen oder auch Beispielszenarien von aufkommenden Gedanken und Erwartungen berichten. Pädagoginnen und Pädagogen können diesen Prozess durch Fragen unterstützen (z. B. »Was hast du gedacht, als...« oder »Was glaubst du, wird passieren, wenn...«). Sofern umsetzbar, stellen auch Rollenspiele eine geeignete Alternative dar, um Gedanken zu aktivieren und zu erfassen. Als ergänzendes Instrument, um Einblicke in dysfunktionale Kognitionen zu erhalten, eignen sich Gedankenprotokolle oder -tagebücher. Hierbei schreiben die Kinder und Jugendlichen im Anschluss an eine angstauslösende Situation ihre begleitenden Gedanken möglichst detailliert auf. Diese Protokolle oder Tagebücher lassen sich in der Folge als Grundlage für die Umstrukturierung negativer Gedanken nutzen (▶ Kap. 5.4 Bewältigung dysfunktionaler Gedanken). Bei jüngeren Kindern, denen es noch schwer fällt, Gedanken zu äußern, könnte die Bestätigungsmethode sinnvoll sein: Dabei wird eine Liste mit Gedanken vorbereitet; das Kind gibt dann jeweils an, ob und wie oft es jeden Gedanken hat.

- Körperliche Angstreaktionen lassen sich meist direkt beobachten. So sind Schwitzen, Zittern oder Erröten häufige Merkmale, die auf Ängste hinweisen können. Andere physiologische Reaktionen wie Bauchschmerzen oder Herzklopfen können dagegen nur durch Befragung der Betroffenen oder der Eltern erkannt werden.
- Auch Verhaltensweisen, die mit schulbezogenen Ängsten in Verbindung stehen, lassen sich durch aufmerksames Beobachten meist gut erkennen. Insbesondere Flucht- und Vermeidungstendenzen sollten hierbei beachtet werden, da sie Hinweise auf eine schulbezogene Ängstlichkeit darstellen könnten.

Schweregrad einschätzen

Für die Auswahl und Planung geeigneter Fördermaßnahmen ist es entscheidend, den Schweregrad der Ängstlichkeit einzuschätzen. Dazu muss betrachtet werden, wie stark die betroffenen Kinder und Jugendlichen durch ihre Ängstlichkeit beeinträchtigt werden. Ein Hinweis darauf kann z. B. sein, ob die Betroffenen dysfunktionale Annahmen (z. B. dass Mitschülerinnen und Mitschüler in einer bestimmten Situation lachen werden) selbst überprüfen (dies würde für einen eher geringen Schweregrad sprechen). Hat die Ängstlichkeit jedoch spürbare Auswirkungen auf den schulischen Alltag und führt beispielsweise zu Einschränkungen, im sozialen Kontakt, kann man von einem höheren Schweregrad ausgehen, was möglicherweise auch therapeutische Interventionen erforderlich macht. Neben beobachtbaren Einschränkungen, sollte berücksichtigt werden, wie stark die subjektiv erlebte Belastung bei den Betroffenen ist.

Intelligenzdiagnostik und fachbezogene Fähigkeiten

Für die klinische Diagnose einer Angststörung werden kognitive Beeinträchtigungen zuvor ausgeschlossen. Auch für subklinische Auffälligkeiten kann es sinnvoll sein, (1) Ergebnisse einer Intelligenzdiagnostik sowie (2) fachbezogene Kompetenzen zu berücksichtigen: Insbesondere bei Prüfungsängstlichkeit kann dadurch eingeschätzt werden, ob es sich um irrationale Befürchtungen oder angemessen erscheinende Versagensängste handelt.

Fragebogenverfahren und diagnostische Interviews

Neben den hier genannten Methoden existieren auch zahlreiche standardisierte Verfahren zur Erfassung spezifischer Ängste. So gibt es verschiedene Fremd- und Selbstbeurteilungsbögen, standardisierte diagnostische Interviews, Beobachtungssysteme und Checklisten. Diese sind jedoch vornehmlich für den klinisch-therapeutischen Kontext konzipiert und werden daher hier nicht aufgeführt.

5.2 Psychoedukation

Menschen neigen dazu, eigene, alltagsnahe Erklärungen zu entwickeln, wenn ihnen Wissen zu einem psychischen Phänomen fehlt. Diese subjektiven Theorien sind allerdings oft fehlerhaft und manchmal schädlich – insbesondere, wenn dadurch sekundäre Belastungen verursacht werden wie beispielsweise Schuldgefühle oder andere dysfunktionale Gedanken.

Durch Psychoedukation soll dies verhindert und adäquates Wissen über psychologische Phänomene zielgruppengerecht vermittelt werden. Angemessene Psychoedukation fördert dann ein sachgerechtes Einordnen und Bewerten von psychischen Phänomenen (vgl. Petermann & Bahmer, 2009) und reduziert insofern das Auftreten von Fehlkonzepten auch im Verständnis von schulischen Ängsten. Psychoedukation kann insbesondere entlastend wirken, da das beeinträchtigte Erleben und das Verhalten eines betroffenen Menschen nachvollziehbarer werden. Wissen zur Häufigkeit von Ängsten befördert die Erkenntnis, dass es sich dabei um eine vielen Menschen bekannte Form des Erlebens handelt. Auf diese Weise können positive Effekte wie z. B. eine Reduktion der Beschämung, Belastung oder Verwirrung Betroffener erreicht werden. Wissen zu therapeutischen Möglichkeiten stärkt außerdem die Hoffnung auf Veränderung und Erfolg der eigenen Bemühungen und damit die Motivation, therapeutische Hilfe anzunehmen, wenn sie angeboten wird. Auch Wissen zu den kurzfristigen Möglichkeiten, belastende Symptome zu lindern, ist ein wichtiger Bestandteil von Psychoedukation. Hierzu können Strategien zur Entspannung, Stressminderung und Reduktion von ungünstigem Verhalten gehören.

Aus verschiedenen Studien können wichtige Merkmale einer zielgruppenangepassten Psychoedukation auch bei schulischen Ängsten abgeleitet werden (vgl. Bäuml & Pitschel-Walz, 2016). Als wesentlich zeigt sich dort die Vermittlung von Wissen zu den verschiedenen Symptombereichen und Möglichkeiten des alltäglichen Umgangs mit dem Ziel der Bewältigung von erlebten Beeinträchtigungen. Außerdem wird betont, dass die Ressourcen der Eltern und der betroffenen Kinder oder Jugendlichen gestärkt werden sollen.

Verschiedene Zielgruppen einer Psychoedukation haben unterschiedliche Vorwissensbestände und entsprechend ihrer Funktion, Erfahrung und Altersgruppe unterschiedliche Voraussetzungen, um Anschlussfähigkeit, Verständnis und Umsetzbarkeit dieser Psychoedukation zu erreichen. Nachfolgend werden aus diesen Gründen Vorschläge zur zielgruppenspezifischen Psychoedukation zu schulischen Ängsten dargestellt.

5.2.1 Psychoedukation für Eltern

Besonders wünschenswert sind präventiv stattfindende Elternveranstaltungen, in denen grundlegendes Wissen zu positivem Verhalten für Eltern vermittelt werden könnte. Hier könnte beispielsweise niederschwellig das Prinzip der Nicht-Vermeidung dargestellt und über eine angemessene Bewertung potenziell belastender Situationen gesprochen werden.

In der Regel wird aber Psychoedukation von Eltern erst dann stattfinden, wenn bereits Auffälligkeiten beobachtet werden. Am erwarteten elterlichen Vorwissen sollte sich dann die thematische und sprachliche Ausgestaltung einer Psychoedukation orientieren. Allgemein sind diese Punkte zu berücksichtigen:

- Eltern insbesondere jüngerer Kinder sollten im Rahmen der Psychoedukation Wissen über die Reichweite elterlichen Modellverhaltens erwerben.
- Es sollten keine ungewollten Schuldzuweisungen erfolgen.
- Eltern sollten verstehen, dass eine übertriebene elterliche Schonhaltung verhindert, dass ihr Kind sich den Konfrontationen stellt.
- Sie sollten Ideen entwickeln, wo und wann sich im Familienalltag Vermeidungsverhalten eingeschlichen hat.

- Sie sollten begreifen, wie wichtig es ist, ihr Kind dabei zu unterstützen, sich im Alltag belastenden Situationen allmählich auszusetzen.
- Dabei sollte aber keine Überforderung entstehen.
- Es ist wichtig, dass Eltern das Temperament ihres Kindes akzeptieren und ggf. Erwartungen an das Kind reduzieren.

Inhaltlich sollte die Elternedukation diese Themen umfassen:

- Angstsymptome: Mögliche körperliche Symptome von Ängsten; Vermeidungsverhalten als Folge belastender Symptome; mögliche dysfunktionale Gedanken.
- Entstehungsbedingungen von Ängsten: Ein biopsychosoziales Verständnis sollte vermittelt werden; der Einfluss auslösender und aufrechterhaltender Faktoren sollte ebenso benannt werden; wichtig ist ein Verständnis dafür, dass Vermeidung zur Aufrechterhaltung beiträgt.
- Entpathologisieren: Die ursprünglich wichtige Funktion von Angst sollte erläutert werden; die Häufigkeit schulbezogener Ängstlichkeit sollte benannt werden; es sollte vermittelt werden, dass körperliche Angstreaktionen normale Phänomene darstellen.
- Was man dagegen tun kann: Die Bedeutung von Entspannungskompetenzen sollten dargestellt werden; dass man Angst aushalten lernen kann und ein Davonlaufen falsch ist; dass es wichtig ist, das Kind zu loben, wenn es sich traut; bei einer Konfrontation die Abnahme der Angst beobachten bzw. sich Fortschritte dabei vergegenwärtigen.
- Behandlungsmöglichkeiten: Eltern sollten wissen, dass Psychotherapie für Kinder und Jugendliche außerordentlich wirksam ist und wie ein Kontakt aufgenommen werden könnte.

Materialien, die sich für die Psychoedukation von Eltern mit dem Schwerpunkt »Ängste« eignen, finden sich im »Training mit sozial unsicheren Kindern« (Petermann & Petermann, 2015).

5.2.2 Psychoedukation für Kinder

Gerade im Grundschulalter ist es wichtig, Kindern psychoedukatives Wissen in alters- und entwicklungsangemessener Form zu vermitteln. Dies bedeutet zunächst, dass eine sprachliche Anpassung erfolgen muss. Die Informationen müssen weiterhin an den Erfahrungen eines Kindes anknüpfen, also beispielsweise eigenes Erleben erfragen, Beobachtetes aktualisieren oder durch ein Medium wie z. B. Video oder eine erzählte Geschichte implizites Vorwissen aktivieren. Dadurch kann ein gemeinsames, schrittweises Erarbeiten von kindgerechtem Wissen ermöglicht werden.

Kindern sollte die erlebte Angst als natürliches Phänomen erklärt werden, das alle Menschen kennen. Sie sollten erkennen, dass Angst manchmal sinnvoll sein kann, dass sie Menschen schützt und deswegen wie eine Art »Freund« behandelt werden sollte, den man aber teilweise auch beruhigen muss und ermuntern sollte, sich zu trauen.

Vorgeschlagene Inhalte einer Psychoedukation für Kinder:

- Angstsymptome: die körperlichen Symptome von Angst; ungünstige Auswirkungen von Angst, wie z. B. dass man Dinge nicht mehr machen möchte; Gedanken, die bei Angst auftreten; Formen der Ängstlichkeit.
- Entstehung: dass Menschen schon als Baby unterschiedlich auf Reize reagieren; dass sich manche Menschen sehr leicht erschrecken, andere kaum; dass man manchmal schlechte Erfahrungen macht und danach Angst hat; dass diese Angst oft bleibt, wenn man nichts dagegen tut.
- Entpathologisieren: dass viele Kinder manchmal Angst haben; dass Angst nicht schlimm ist; dass körperliche Reaktionen wie Zittern, Bauchweh usf. bei Angst oft auftreten.
- Was man dagegen tun kann: dass Entspannung hilft; dass die Angst nachlässt, wenn man sie aushält; dass man sich mit seiner Angst anfreunden soll.

- Behandlungsmöglichkeiten: dass man Hilfe bekommt, wenn man das möchte; dass man Angst sehr gut behandeln kann.

Das Vermitteln psychologisch relevanten Wissens sollte idealerweise in der schulischen Alltagswelt immer eine Rolle spielen. Als vertiefende Lektüre für Kinder kann »Nur keine Panik! Was Kids über Angst wissen sollten« (Schneider & Borer, 2006) empfohlen werden.

5.2.3 Psychoedukation für Jugendliche

Jugendliche treffen zunehmend ihre eigenen Entscheidungen, dies sollte im Zuge einer Psychoedukation respektiert werden. Die Stärkung der Kooperationsbereitschaft einer Schülerin oder eines Schülers sollte neben der altersgerechten Information ein Ziel der Psychoedukation sein. Je früher die Auseinandersetzung mit psychologisch relevanten Themen angebahnt wird, desto leichter kann ein Austausch im schulischen Peerumfeld erfolgen. Gleichaltrige können im günstigen Fall als soziale Unterstützung und Übungsumfeld wirken. Im Jugendalter steht allerdings die Identität im Zentrum der Entwicklung, was hier zu einer besonderen Verletzlichkeit führt.

Vorgeschlagene Inhalte für Jugendliche:

- Angstsymptome: körperliche Symptombereiche; dass Vermeidungsverhalten Folge der erlebten Angst ist; dysfunktionale Bewertung angstbesetzter Situationen wie z. B. zu einer Kontaktaufnahme, Trennung oder befürchteten Bewertungssituationen; Formen der Ängstlichkeit.
- Entstehung: biopsychosoziales Verständnis; Ereignisse als auslösende Faktoren; Vermeidungsverhalten als aufrechterhaltender Faktor; Folgen des Vermeidungsverhaltens (negative Feedbackschleife, da keine Bewältigungskompetenzen entstehen).

- Entpathologisieren: ursprüngliche Funktion von Angst; Häufigkeit schulbezogener Ängstlichkeit; Normalisierung der körperlichen Reaktionen.
- Was man dagegen tun kann: Entspannungsübungen; Konzept der allmählichen Konfrontation; Konzept der Prüfung und Veränderung negativ verzerrter Gedanken.
- Behandlungsmöglichkeiten: Information, dass psychotherapeutische Methoden wirksam sein können.

5.2.4 Psychoedukation im Kollegium

Kolleginnen oder Kollegen, die in der Arbeit mit einem betroffenen Kind oder Jugendlichen mit einbezogen werden könnten, sollten grundlegendes Wissen zum Themenfeld haben, das im Rahmen einer psychoedukativen Kurzinformation vermittelt werden könnte. Hier ist zunächst wichtig, das Vorwissen zu klären, um daran anknüpfen zu können.

Mögliche Inhalte:

- Angstsymptome: Wissen über das Erleben bei Angst; mögliche Vermeidungsstrategien; Sensibilität gegenüber dysfunktionalen Bewertungen; verschiedene Formen schulbezogener Ängste.
- Entstehung: biopsychosoziales Verständnis, d.h. die Reichweite temperamentsbezogener Variablen; auslösende Ereignisse wie z.B. soziale Demütigung im Schulumfeld; aufrechterhaltende Faktoren wie z.B. Vermeidungsverhalten.
- Entpathologisieren: Häufigkeit schulbezogener Ängste.
- Was man dagegen tun kann: Basiswissen zur Wirksamkeit von Entspannung; Möglichkeiten einer schrittweisen, unterstützten Konfrontation; Umgang mit dysfunktionalen Gedanken.
- Behandlungsmöglichkeiten: Wissen um die Wirksamkeit psychotherapeutischer Interventionen.

Als psychoedukative Information für Lehrkräfte kann der »Ratgeber Soziale Ängste und Leistungsängste« von Büch, Döpfner und Petermann (2015) empfohlen werden. Dort werden Handlungsempfehlungen für den Umgang mit Ängsten im Schulumfeld und ihrer Bewältigung im Alltag praxisnah zusammengestellt.

5.3 Elternberatung

Die systematische Entwicklung der Elternarbeit erleichtert den pädagogischen Alltag erheblich. Dabei werden Ressourcen freigesetzt, die präventiv und interventiv wirken. Das koordinierte Handeln in den Kontexten Familie und Schule ist ein wesentliches Element wirksamer Interventionen bei schulischen Ängsten. Es wirkt zudem der Entwicklung von Burnout entgegen, ist geeignet, das Ansehen einer schulischen Institution zu steigern, und ein wirksames Mittel gegen schulische Fehlzeiten bei Betroffenen (vgl. Xyländer, 2011).

Nachfolgend werden hier zunächst die Voraussetzungen gelingender Elternarbeit dargestellt. Es wird eine Übersicht zu Wirkfaktoren eines Einbeziehens der Eltern zusammengestellt und die wesentlichen Merkmale von Elterngesprächen bei Schulangst erläutert, wobei insbesondere die Struktur und zentrale Inhalte eines Beratungsgesprächs beschrieben werden.

5.3.1 Voraussetzungen gelingender Elternarbeit

Oft wird darauf hingewiesen, dass die Kooperation zwischen Eltern und Vertreterinnen oder Vertretern der Schule im Laufe der Primarstufe an Qualität verliert (Castello, Bierkandt & Suchy, 2016). Dass aus Sicht von Lehrkräften manchmal eine zuverlässige Ansprechperson innerhalb der Familie einer Schülerin oder eines

Schülers fehlt, hat Gründe, die sich erklären und auch verändern lassen. Eltern, die von der Bedeutung ihres eigenen Handelns überzeugt und der Auffassung sind, dass sie die schulische Entwicklung positiv beeinflussen können, zeigen eine deutlich größere Bereitschaft zur Zusammenarbeit mit Kontaktpersonen an der Schule (vgl. Wild & Lorenz, 2010). Positive Erfahrungen in der Kooperation mit Lehrkräften, die Bestärkung des elterlichen Engagements seitens der Schule und positive Feedbacks im Kontext verlässlichen Engagements sind wirksame Formen der Pflege dieser Kooperation. Ein solcher Einbezug der Familien erscheint zunächst arbeitsaufwändig, er kann aber dazu beitragen, dass familiäre Ressourcen freigesetzt werden, die in der Begleitung der schulischen Entwicklung wichtig sind (Laakmann, Petermann & Petermann, 2017). Damit dies gelingt, sollte die Kommunikation zwischen Schule und Elternhaus verlässlich, verständlich und kooperativ sein. Hierzu gehören z. B. klar formulierte Erwartungen, zunächst seitens der Schule, die langfristig zu einem wechselseitigen Austausch führen sollten. Wesentlich sind auch klar formulierte Berichte, wie z. B. pädagogische Feedbacks, Zeugnisse oder Gutachten, die sich u. a. ja auch an die Eltern richten, damit sich diese als involviert und gleichberechtigt erleben.

Bei schulbezogenen Ängsten sollen die genannten Voraussetzungen besonders beherzigt werden. Lehrkräfte sollten den Eltern zutrauen, als mündige Partnerinnen bzw. Partner in der pädagogischen Unterstützung zu handeln, auch um langfristig mehr Sicherheit in der bedeutsamen elterlichen Modellfunktion zu entwickeln. Solche Eltern, die sich als wenig wirksam oder sogar schuldig an einer ungünstigen schulischen Entwicklung erleben, handeln weniger aktiv und weniger sensibel gegenüber den schulischen Belangen ihres Kindes (Wild & Lorenz, 2010, S. 160).

5.3.2 Wirkfaktoren im Kontext von Elternarbeit bei Schulängsten

Eltern der von Ängsten betroffenen Kinder und Jugendlichen bringen häufig selbst eine vergleichbare biografische Belastung mit. Eine Weitergabe über die Generationen hinweg findet also sowohl durch die genetisch mitbedingte Übererregbarkeit des Furchtsystems als auch durch ein von Ängsten geprägtes Erziehungsverhalten statt. Entstehung und Aufrechterhaltung der Symptome sind insofern familiär mitbedingt (Affrunti & Woodruff-Borden, 2015). Allerdings kann von einer Schuld an der Ursache oder am Auftreten der Symptome keine Rede sein, eher von einer Verantwortung, der Eltern dann gerecht werden, wenn sie in der Kooperation mit Therapeutinnen bzw. Therapeuten und Lehrkräften die vorhandenen Möglichkeiten zur Prävention, Therapie und schulischen Unterstützung ihres Kindes nutzen. Aus den einschlägigen Befunden zum Einbezug von Eltern innerhalb von therapeutischen Interventionen bei Ängsten im Kindes- und Jugendalter können Annahmen zur Wirksamkeit verschiedener Maßnahmen abgeleitet werden (Herr et al., 2015).

Hierzu gehört zunächst die Vermittlung elternrelevanten, allgemeinen Störungswissens u. a. zu den Entstehungsbedingungen, Symptomen und therapeutischen Möglichkeiten bei Schulangst (▶ Kap. 5.2 Psychoedukation) sowie ein spezifisches Wissen zu wirksamen Handlungsoptionen für Eltern. Damit ist beispielsweise Wissen zur Wirksamkeit einer konsequenten Verstärkung erwünschten Verhaltens gemeint (▶ Kap. 5.7 Kontingenzmanagement). Im Rahmen therapeutischer Interventionen lernen Eltern Expositionsübungen im Alltag umzusetzen (Smith et al., 2014), d. h. gezielt und schrittweise Übungen zu praktizieren, in denen ein Kind oder Jugendlicher im Alltag einen potenziell angstauslösenden Reiz (z. B. eine soziale Situation) erlebt, mit elterlicher Unterstützung die auftretende Angst, ohne zu fliehen, aushält und hierdurch langfristig die Angst bewältigt. Diese sehr wirksame Vorgehensweise ist unter Anleitung auch mit elterlicher Unterstützung realisierbar. Ein unerwünschtes Vermeidungsverhalten sollte folgerichtig durch Eltern nicht versehentlich belohnt werden, beispielsweise indem Schulvermeidung in der Familie durch attraktive Aktivitäten verstärkt wird. Es ist daher elementar wichtig, Eltern angemessen zu vermitteln, dass eine vermeintlich gut gemeinte Schonhaltung für ihr Kind keineswegs entwicklungsfördernd ist, sondern dass auf diese Weise ungünstiges Vermeidungsverhalten gelernt und verstärkt wird. Hier ist eine Balance wichtig, die darin besteht, Eltern zwar Verständnis für das Schutzbedürfnis entgegen zu bringen, gleichzeitig aber die Elternverantwortung zu betonen und zu erklären, dass hier ein schädliches Muster entsteht, welches langfristig die Entwicklung beeinträchtigen kann und dem Schutz des Kindeswohls widerspricht.

Ein angemessenes Bewusstsein für das Auftreten und die Auswirkungen der eigenen, also der elterlichen Angstreaktion in schwierigen Situationen ist bedeutend, weil beteiligte Eltern oft selbst Muster der Vermeidung entwickelt haben (Breinholst et al., 2012). Dieses Wissen um die Bedeutung des elterlichen sozialen Modellverhaltens in sozialen oder Trennungs- oder Prüfungssituationen erleichtert eine Veränderung. Dazu sind Kompetenzen im Umgang mit der eigenen emotionalen Situation erforderlich (z. B. Selbstinstruktion, Entspannungsübungen oder individuellen Problemlösestrategien), die Eltern u. a. im Rahmen einer therapeutischen Begleitung erwerben können.

Und schließlich kann das Ansprechen möglicher irrationaler und dysfunktionaler Denkmuster der Eltern wirksam sein. Hierzu gehören beispielsweise unangemessene Befürchtungen bezüglich schulischer Belastungen, das Überbetonen negativer Auswirkungen von alltäglichen Anforderungen auf ihr Kind oder das Erleben einer bedrohlichen sozialen Umwelt, die dem Kind schaden könnte (Hudson et al., 2014).

5.3.3 Beratungsgespräch

In einer Beratungssituation im Schulumfeld ist es wichtig, in der Gastgeberrolle als Lehrkraft gegenüber den Eltern einen Vorschlag für den Gesprächsablauf zu formulieren. Dies sollte Orientierung und Struktur für die Situation geben, auch, weil Eltern zunächst hinsichtlich des eigenen Erziehungshandelns häufig verunsichert sind. In der Gesprächsvorbereitung sollten Ort, Themen und geplante Dauer des Gesprächs vorab geklärt werden.

Diese formalen Fragen des Gesprächs sind, neben dem Dank für die Bereitschaft zum gemeinsamen Austausch, ein guter Gesprächseinstieg. Dass Eltern sich die Zeit für ein Gespräch nehmen, ist Ausdruck ihres Interesses an einer Kooperation mit der Schule, das explizit durch wertschätzende Äußerungen benannt werden sollte.

Im nächsten Schritt ist es empfehlenswert, auf der Grundlage vorhandener Erkenntnisse (Beobachtungen, Gespräche o. Ä.) die Eltern über den konkreten Anlass des Gesprächs zu informieren. Hier könnten beispielsweise wahrgenommene Verhaltensweisen des Kindes oder Jugendlichen dargestellt werden, die Ausgangspunkt für das Gespräch sind. Dies auf der Basis vorhandener Notizen oder Protokolle auch zu beschreiben und anhand von Daten und Situationen belegen zu können, hilft in dieser Phase sehr und erhöht die Glaubwürdigkeit und Authentizität des Berichts.

Danach sollten auch Eltern die Gelegenheit bekommen, ihre Sichtweise darzustellen. Dabei sind die Erfahrungen im Familienumfeld ebenso wichtig wie bereits vorliegende Erkenntnisse und insbesondere die Einschätzung der Eltern, was das Ausmaß der Belastung anbelangt. Auch Unterschiede in der Einschätzung des Verhaltens sollten explizit benannt und nicht vermieden werden. Eine Nachfrage, ob die Eltern das vermeintlich auffällige Verhalten ebenso als problematisch bewerten, ist manchmal nötig.

Im weiteren Verlauf sollte eine Initiative seitens der Pädagogin bzw. des Pädagogen erfolgen in Form eines Vorschlags für die erforderlichen nächsten Schritte. Empfehlenswert ist es manchmal, eine kurze Pause einzulegen, um diesen Vorschlag zu entwickeln und zu formulieren. Eine solche Initiative kann beispielsweise darin bestehen, dass gezielte Veränderungen im schulischen und/oder familiären Umfeld geplant werden, dass externe Unterstützung eingeholt wird oder ein weiteres Gespräch stattfindet. Der Vorschlag muss konkretisiert werden und das geplante Prozedere sollte beschrieben und dokumentiert werden. Festgehalten werden muss auch die Entscheidung, ob die Eltern den Vorschlag mittragen bzw. ihre Kooperation zusagen. Für den Fall, dass Eltern keine Bereitschaft zur angemessenen Zusammenarbeit zeigen, sollten mit ihnen mögliche Auswirkungen dieser Entscheidung besprochen werden.

Einige wichtige Themen sollten im Elterngespräch prinzipiell besprochen werden, wenn schulängstliches Verhalten evident wird. Hierzu gehören:

- Die Annahmen der Eltern zu den Ursachen der Ängstlichkeit.
- Bereits durchgeführte Lösungsversuche und Anstrengungen im Umgang mit den Auffälligkeiten.
- Frühere oder aktuelle therapeutische Interventionen.
- Klärung der Möglichkeiten einer Kommunikation zwischen Schule und Psychotherapeutin oder Psychotherapeuten und deren formalrechtliche Dokumentation.

Jenseits psychoedukativer Unterstützung der Eltern ist eine Besprechung und Dokumentation folgender Fragen wichtig:

- Äußern die Eltern zu bedeutenden Erziehungsthemen dysfunktionale Gedanken wie z. B. eine negative Bewertung sozialer Kontakte, extreme Schonhaltung und Ablehnung gegenüber altersangemessenen Anforderungen an ihr Kind, Katastrophisieren von Ereignissen?
- Wird ungünstiges Modellverhalten der Eltern deutlich wie z. B. Vermeidungsverhalten, soziale Isolation, gedankliches Eskalieren bevorstehender Ereignisse, die mit Ängsten verbunden sind?

- Wird wiederholt bei auftretender Ängstlichkeit Vermeidungsverhalten des Kindes unterstützt (Schulabsentismus)?

Mit Eltern von Kindern oder Jugendlichen, die unter sozialer Ängstlichkeit oder Prüfungsängstlichkeit leiden, müssen die wichtigsten angstbesetzten sozialen Kontaktbereiche besprochen werden. Weiterhin sollte eine gemeinsame Vorgehensweise im Umgang mit kritischen Situationen vereinbart werden. Hierzu gehören z. B. bevorstehende Prüfungssituationen oder solche, die ein besonders hohes Maß an sozialer Aufmerksamkeit beinhalten, wie z. B. öffentliche Auftritte, Präsentationen o. Ä.

Routinemäßig sollte bei trennungsängstlichen Kindern oder Jugendlichen im Beratungsgespräch mit den Eltern über die morgendliche Trennung vor dem Schulbesuch oder anderen Abschiedssituationen gesprochen werden. Eine Klärung, ob auch andere Situationen im familiären Kontext belastet sind oder ob sich die Problemkonstellation auf das Schulumfeld reduziert, ist ebenso nötig. Gleichfalls mit den Eltern besprochen werden sollten diese Fragen:

- Wird Trennungssituationen seitens der Eltern besonders viel Aufmerksamkeit geschenkt?
- Wie werden die Eltern in ihrem sozialen Modellverhalten in Trennungssituationen wirksam?
- Finden ausgedehnte Rituale in Trennungssituationen statt?
- Hat sich eine auffällige Schonhaltung bezüglich alltäglicher Trennungssituationen gefestigt?

Die Informationen aus den Gesprächen mit den Eltern sind bedeutsam zur Entwicklung einer gemeinsamen Handlungsstrategie. Gegenseitige Information und Verlässlichkeit bei Absprachen fördern den gemeinsamen Einfluss auf die schulische und psychische Entwicklung des Kindes oder Jugendlichen.

5.4 Bewältigung dysfunktionaler Gedanken

Dysfunktionale Kognitionen wie negative Gedanken, Erwartungen und Überzeugungen sind typische Merkmale schulbezogener Ängste (z. B. Stangier, Heidenreich & Peitz, 2009). Dieses Kapitel gibt einen Überblick über Ansätze, mit denen diese dysfunktionalen Kognitionen systematisch verändert werden können.

5.4.1 Kognitionen vor, während und nach angstauslösenden Situationen

Eine bevorstehende belastende Situation löst bei Kindern und Jugendlichen mit schulbezogenen Ängsten eine Reihe von negativen Gedanken und Erwartungen aus. Im Vordergrund stehen dabei verzerrte Annahmen und Denkfehler (Beck, 1985). Dazu zählt beispielsweise das Katastrophisieren, also das Vorstellen des schlimmsten Ausgangs einer Situation. Ein Kind mit Trennungsängstlichkeit befürchtet beispielsweise, dass seiner Mutter etwas Schlimmes zustößt, während sie voneinander getrennt sind, und steigert sich in diesen Gedanken regelrecht hinein. Auch das Gedankenlesen, d. h. das Unterstellen von negativen Interpretationen, ist ein häufig zu beobachtender Denkfehler (z. B. bei sozialer Ängstlichkeit die Annahme: »Die anderen denken, dass ich komisch bin«).

Die negativen und dysfunktionalen Gedanken werden gewissermaßen automatisch aktiviert und belasten und blockieren die Betroffenen nicht nur im Vorfeld, sondern auch in der angstauslösenden Situation selbst. Sogar im Nachgang einer angstauslösenden Situation lassen sich noch dysfunktionale Gedanken feststellen, bei denen negative Erfahrungen und Bewertungen im Vordergrund stehen.

5.4.2 Möglichkeiten zur Veränderung dysfunktionaler Kognitionen

Es gibt eine Reihe von Ansätzen, mit denen Pädagoginnen und Pädagogen dysfunktionalen Kognitionen von Kindern und Jugendlichen mit schulbezogenen Ängsten begegnen können. Ziele dieser Ansätze sind, (1) dass die Betroffenen erkennen, dass die negativen Gedanken und Sorgen in den allermeisten Fällen nicht rational begründet (d. h. der Situation nicht angemessen) sind, sondern das Auftreten von Befürchtungen überschätzt oder Annahmen verzerrt und generalisiert werden. (2) Gleichzeitig sollen positive Überzeugungen und Erwartungen aktiviert werden, die langfristig die negativen Gedanken ersetzen können. Mit folgenden Ansätzen kann das gelingen:

Erklärungen/Psychoedukation

Kindern und Jugendlichen mit schulbezogenen Ängsten sollten ein Bewusstsein dafür entwickeln, dass Gedanken, Gefühle und Verhalten eng miteinander verknüpft sind (▶ Kap. 5.2 Psychoedukation). Ein Beispiel für diesen Zusammenhang im Kontext von sozialer Ängstlichkeit ist, dass der Gedanke, von anderen ausgelacht zu werden, wahrscheinlich dazu führt, dass ein Gefühl von Unsicherheit oder Angst entsteht und man Verhaltensweisen zeigt wie Wegschauen oder schnell und leise Reden. In Gesprächen kann dieser Zusammenhang anhand von konkreten Situationen oder Beispielszenarien besprochen werden. Es sollte auch in Erwägung gezogen werden, ob sich darüber hinaus im Unterricht Erklärungen zu dem Zusammenhang von Gedanken, Gefühlen und Verhalten einbetten lassen.

Gedanken hinterfragen und umstrukturieren

Aufkommende Gedanken und Annahmen kritisch zu hinterfragen, ist eine hilfreiche Methode, um den Kindern und Jugendlichen bewusst zu machen, dass Erwartungen und Überzeugungen verzerrt oder unwahrscheinlich sind. Dabei wird der Realitätsgehalt der Gedanken überprüft. Für die Umsetzung eignen sich zu Beginn am besten Einzelgespräche und ggf. auch ergänzende Tools wie Gedankenprotokolle oder -tagebücher. Sind konkrete Gedanken oder Überzeugungen bekannt, können sie mit einer Reihe von Fragen überprüft werden. Insbesondere bei jüngeren Kindern lässt sich der Prozess auch spielerisch gestalten, indem die Kinder dabei die beobachtende Rolle z. B. als Detektivin oder Detektiv übernehmen und herausfinden wollen, ob ein Gedanke auch der Wahrheit entspricht. Stangier, Heidenreich und Peitz (2009) haben eine Reihe von Fragen zusammengefasst, die die Betroffenen sich zur Überprüfung eines Gedankens stellen, z. B.:

- Stimmt meine Annahme wirklich? Welche Anhaltspunkte gibt es dafür?
- Wie würde jemand anders darüber denken? / Welche anderen Sichtweisen gibt es?
- Ziehe ich voreilige Schlüsse oder nehme ich Verallgemeinerungen vor?
- Verurteile ich mich als Person auf der Grundlage einer einzelnen Erfahrung?
- Erwarte ich, perfekt zu sein?
- Achte ich nur auf das, was schief geht?
- Stelle ich mir Fragen, auf die es keine Antwort gibt?
- Sind meine Gedanken eher hilfreich oder eher hinderlich?

Auf diese Weise sollen Kinder und Jugendliche erkennen, dass ihre Erwartungen und Sorgen unwahrscheinlich sind bzw. nicht der Realität entsprechen. In der Folge werden die Gedanken angepasst bzw. durch realistischere Gedanken ersetzt. Ein Schüler mit Prüfungsängstlichkeit kann so von der katastrophisierenden Annahme »Wenn ich einen Fehler mache, ist alles vorbei« zu dem realistischeren Gedanken »Alle Leute machen Fehler. Wenn ich einen Fehler mache, ist das nicht so schlimm« geführt werden. Im fortschreitenden Prozess können die Kinder und Jugendlichen diese Fragen auch zunehmend selbstständig anwenden. Mittels Hausaufgaben, die gemeinsam besprochen werden, kann es geübt werden.

Verhaltensexperimente

Bei Verhaltensexperimenten werden die Gedanken und Annahmen nicht nur verbal hinterfragt, sondern in konkreten Situationen überprüft. Wie bei Expositionsübungen (▶ Kap. 5.6 Konfrontation mit Unterstützung) werden die betroffenen Kinder und Jugendlichen also mit einer angstauslösenden Situation konfrontiert. Während bei Expositionsübungen allerdings die Angstreduktion durch Gewöhnung (Habituation) im Vordergrund steht, geht es bei Verhaltensexperimenten in erster Linie um die Erfahrung, dass vorherige Annahmen und Erwartungen verzerrt waren und nicht der Realität entsprachen. Da es sich bei Verhaltensexperimenten auch um eine direkte Konfrontation mit einem angstauslösenden Reiz handelt, sollten sie mit den Betroffenen gut vorbereitet und geplant werden. Dann können spezifische Gedanken (z. B. »Wenn ich einen Fehler mache, lachen die anderen über mich«) notiert, im Verhaltensexperiment überprüft und im Nachgang besprochen werden.

Selbstverbalisation

Pädagoginnen und Pädagogen können gemeinsam mit den Kindern und Jugendlichen hilfreiche Sätze oder auch Schritt-für-Schritt-Anweisungen erarbeiten, die in der jeweilgen Situation helfen können, erwünschte Verhaltensweisen umzusetzen. In dem von Donald Meichenbaum und Joseph Goodman (1971) entwickelten Selbstinstruktionstraining wird als mögliche Vorgehensweise beschrieben, Sätze in Form von Selbstanweisungen zu formulieren. Diese können die Betroffenen dann beispielsweise zunächst laut zu sich selbst sagen und sich nach Verinnerlichung vor oder in der jeweiligen Situation in Erinnerung rufen. Auch die Verwendung von Erinnerungskärtchen, auf denen Merksätze notiert werden, können hilfreich sein. Beispielsweise könnte eine Schülerin mit sozialer Ängstlichkeit ein Erinnerungskärtchen erstellen, auf die sie ihr Vorhaben »Wenn ich spreche, rede ich laut und deutlich« schreibt. Insbesondere die Formulierung in Form solcher Wenn-Dann-Pläne ist eine nützliche Strategie zur Zielerreichung und führt zu einem leichteren Abruf des gewünschten Verhaltens (Gollwitzer, 1999).

Mutmachgedanken

Neben verhaltensbezogenen Schlagworten oder Sätzen können auch Gedanken im Vorfeld formuliert werden, die die Betroffenen in der angstauslösenden Situation abrufen können und die dazu dienen, sich zu entspannen und auf positive Aspekte zu konzentrieren. Solche Mutmachgedanken sollten individuell entwickelt werden, weil es von Kind zu Kind unterschiedlich ist, was als Mutmachgedanke eingesetzt werden kann (z. B. »Ich schaffe das«, »Ich bin stark und lasse mich von der Angst nicht unterkriegen« etc.).

Aufmerksamkeitssteuerung

Bei schulbezogenen Ängsten ist die Aufmerksamkeit der Betroffenen häufig auf die eigene Person oder sorgenvolle Gedanken gerichtet. Daher kann es hilfreich sein, die Aufmerksamkeit bewusst auf andere Aspekte zu lenken. Dafür eignen sich häufig aufgabenbezogene Dinge, auf die die Aufmerksamkeit gerichtet wird, z. B. die Inhalte eines vorgelesenen Textes oder die erforderlichen Schritte beim Lösen einer Mathe-Aufgabe.

Ressourcenaktivierung

Kinder und Jugendliche mit schulbezogenen Ängsten haben häufig Schwierigkeiten, eigene Ressourcen zu erkennen und anzunehmen. Diese können beispielsweise in pädagogischen Gesprächen herausgearbeitet werden. Auch Hausaufgaben können genutzt werden, um die Betroffenen auf ihre Stärken aufmerksam zu machen (z. B. »Nenne drei Dinge, die du gut kannst« oder »Schreibe eine Eigenschaft auf, die andere an dir mögen«). In konkreten Situationen können dann bereits beschriebene Methoden wie Selbstverbalisationen oder Erinnerungskärtchen genutzt werden, um auf die Ressourcen zu fokussieren. Langfristig wird durch die Ressourcenaktivierung auch der Aufbau eines positiven Selbstbilds gefördert.

Nachträgliche Bewertung von Situationen

Nicht nur im Vorfeld, auch im Nachgang einer Situation stellt man bei Kindern und Jugendlichen mit schulbezogenen Ängsten eine starke Fokussierung auf negative Aspekte des eigenen Verhaltens oder des Erlebten fest. Insbesondere bei negativen Erlebnissen lassen sich Schuldgefühle und verallgemeinerte Schlussfolgerungen beobachten (z. B. »Ich kann das eben einfach nicht«). Zur Unterstützung realistischer und günstigerer Bewertungsmuster kann man sich am Ansatz des sogenannten Attributionstrainings orientieren. Attributionen sind Ursachenzuschreibungen von Handlungsergebnissen (Heider, 1958). Schneidet eine Schülerin beispielsweise schlecht in einer Deutscharbeit ab, wird sie sich das Zustandekommen dieses Ergebnisses erklären: Hat sie sich zu wenig vorbereitet oder war die Deutscharbeit zu schwer? Schätzt sie ihre Fähigkeiten in Deutsch oder vielleicht sogar ihre Intelligenz als nicht ausreichend ein? Jedes Erfolgs- oder Misserfolgserlebnis kann auf drei Dimensionen attribuiert werden: (1) auf der Ebene der Lokalität kann es entweder auf die eigene Person (internale Attribution) oder äußere Bedingungen (externale Attribution) zurückgeführt werden; (2) auf der Ebene der Stabilität kann es entweder als zeitlich überdauernd (stabile Attribution) oder variabel (variable Attribution) interpretiert werden; und (3) auf der Ebene der Globalität kann beurteilt werden, ob sich die Ursache nur auf den vorliegenden Bereich bezieht (spezifische Attribution) oder bereichsübergreifend gilt (globale Attribution). Kinder und Jugendliche mit schulbezogenen Ängsten weisen häufig einen eher ungünstigen Attributionsstil auf, d. h. sie neigen dazu, Misserfolgserlebnisse internal, stabil und global zu attribuieren: Sie machen sich also selbst dafür verantwortlich, glauben, dass dies an geringer Fähigkeit liegt, und übertragen das Ergebnis auf andere Situationen. Individuelle Attributionsmuster lassen sich wie andere dysfunktionale Kognitionen in Gesprächen erfassen, indem man gezielt nach einer subjektiven Erklärung für ein Ergebnis fragt. Auch hier kann durch kritisches Hinterfragen ein ungünstiges Attributionsmuster aufgelöst werden. Feedbackgespräche oder auch schriftliche Rückmeldungen eignen sich anschließend, um günstigere Attributionsstile zu fördern. Als günstiger Attributionsstil gilt im Allgemeinen eine Attribution auf die eigene Anstrengung; das bedeutet eine internale, variable und spezifische Attribution. Das Abschneiden in einer Klassenarbeit wird auf diese Weise mit der eigenen Vorbereitung begründet. Da schulbezogene Ängste jedoch häufig auch mit geringerem Selbstwertgefühl einhergehen, d. h. die betroffenen Kinder und Jugendlichen nur wenig Vertrauen in die eigenen Fähigkeiten haben, sollte bei Misserfolgserlebnissen eine externale und bei Erfolgserlebnissen auch eine stabile Attribution unterstützt werden: Die Betroffenen sollen sich also für Misserfolge nicht selbst verantwortlich machen; bei Erfolgen aber auf ihre vorhandenen Kompetenzen und Ressourcen fokussieren. Ein Kind mit Trennungsängstlichkeit, dem es gerade gelungen ist, eine längere Trennungsphase auszuhalten, ist also beispielsweise in der Überzeugung zu bestärken, dass es diese Situation gemeistert hat, weil es mutig ist; hat eine Schülerin mit sozialer Ängstlichkeit eine schwierige Kontaktsituation im Klassenraum ausgehalten, ist die Bekräftigung ihrer sozialen Fähigkeiten wünschenswert; einen Schüler mit Prüfungsängstlichkeit, der an seiner Intelligenz zweifelt, kann man nach einer guten Note auch auf sein Talent aufmerksam machen.

5.5 Entspannung

Angstempfindungen gehen fast immer einher mit körperlichen Reaktionen. Dazu gehören beispielsweise die Erhöhung der Herzfrequenz, ein schnellerer Atem, Schwitzen oder die Zunahme der Muskelanspannung. Diese Reaktionen laufen weitgehend autonom ab, d.h. sie entziehen sich einer unmittelbaren und willentlichen Steuerbarkeit. Menschen sind aufgrund ihrer Stammesgeschichte mit verschiedenen autonom ablaufenden Prozessen ausgestattet, die sich z.B. bei erlebter Bedrohung in Gang setzen. Diese Muster waren über eine lange Zeit evolutionsbiologisch vorteilhaft, da sie bei Gefahr die nötigen Ressourcen für eine angemessene Reaktion zur Verfügung stellen können, u.a. um bei Bedrohung entweder fliehen oder kämpfen zu können.

Die mit Schulangst einhergehenden körperlichen Begleiterscheinungen sind gleichfalls von Bedeutung, denn Atemfrequenz und Muskeltonus einerseits und Ängstlichkeit andererseits beeinflussen sich gegenseitig. Insofern besteht die Möglichkeit, dass Menschen, die ihre Fähigkeit trainieren, die autonomen Prozesse wenigstens teilweise zu beeinflussen, auf diese Weise gleichzeitig die Fähigkeit zur Veränderung ihres psychischen Zustands entwickeln können. So liegen z.B. zahlreiche Befunde vor, die dokumentieren, dass gezielte Entspannungsübungen positive Auswirkungen auf mentale Zustände haben können (vgl. Vaitl & Petermann, 2004). Häufig werden deswegen Entspannungsübungen ergänzend zu therapeutischen Interventionen angewandt, beispielsweise um die Angstreaktion bei einer Konfrontation mit einem angstauslösenden Reiz zu abzumildern (▶ Kap. 5.6: Konfrontation mit Unterstützung). Tatsächlich können Kompetenzen, die beim Üben von Entspannungstechniken erworben werden, das Bewältigen von angstauslösenden Situationen erleichtern (Stetter, 2004), mit der Folge, dass Schülerinnen und Schüler sich als kompetenter erleben und eine Strategie an die Hand bekommen, die in belastenden Situationen schnell und zuverlässig wirkt.

Aus diesem Grund werden an dieser Stelle einige ausgewählte Methoden vorgestellt, die sich auch im schulischen Umfeld erfolgreich als unterstützende Methode anwenden lassen, um in Prüfungssituationen, sozialen Anforderungssituationen oder Trennungssituationen Entspannung induzieren zu lernen.

5.5.1 Progressive Muskelrelaxation

In der Wechselwirkung von muskulärer Anspannung und Angstempfinden, also physiologischer und psychologischer Faktoren wurde durch den Mediziner Jacobsen (1990) eine Möglichkeit zur gezielten Veränderung mentaler Zustände erkannt. Das von ihm entwickelte Konzept der voranschreitenden Muskelentspannung oder progressiven Muskelrelaxation greift diese Möglichkeit unmittelbar auf: Menschen können sukzessive lernen, den Unterschied zwischen muskulärer Anspannung und Entspannung besser wahrzunehmen und hierüber die Fähigkeit trainieren, sich gezielt zu entspannen. Dies wird umgesetzt, indem einzelne Muskelpartien ansatzweise angespannt werden, und dieser Zustand bewusst wahrgenommen wird. Danach wird diese Anspannung aufgehoben und wieder eine bewusste Wahrnehmung angeregt. Durch die wiederholte bewusste Wahrnehmung des Unterschieds zwischen Anspannung und Entspannung entwickeln Menschen eine differenziertere Wahrnehmung ihrer Muskelanspannung bzw. -entspannung und die Fähigkeit, einen gewünschten Entspannungszustand gezielt auszulösen (Grawe, Donati & Bernauer, 1994).

Eine Trainingseinheit zur progressiven Muskelrelaxation startet mit einer Ruhephase, in der zunächst die Atmung fokussiert wird. In kurzen, eher angedeuteten Anspannungsphasen werden Schritt für Schritt Muskelgruppen angespannt, die Anspannung wahrgenommen und dann wieder entspannt. Um einen kurzfristigen Erfolg der Bemühung zu erhalten und darüber die Motivation zu stärken, finden die Übungen innerhalb des Trainingsprogramms an sieben Muskelgruppen statt (Arme getrennt; Schultern; Gesicht;

Rumpf; Beine getrennt). Die Instruktion im Rahmen des Erwerbs von Entspannungskompetenzen (hier exemplarisch »Minimuskelentspannung«, zitiert nach Ahrens-Eipper, Leplow und Nelius (2009) aus dem Trainingsprogramm »Mutig werden mit Til Tiger«) kann in dieser Form umgesetzt werden:
Trainerin:

- »Ich zeige dir jetzt einen Trick, wie man sich prima entspannen kann. Ich mache es dir vor. Nimm die Hand, mit der du schreibst. Wenn ich ›jetzt‹ sage, ballst du sie zur Faust und spannst sie ganz fest* an. Jetzt anspannen! (Pause) Stopp! Entspannen! Prima!«
- »Das machen wir jetzt auch noch mit der anderen Hand! Wenn ich ›jetzt‹ sage, ballst du sie zur Faust und spannst sie ganz fest* an. Jetzt anspannen! (Pause) Stopp! Entspannen! Prima!« (S. 57) (* Anmerkung: es empfiehlt sich, das Ausmaß der Anspannung insgesamt sprachlich gezielt zu dosieren – ein »ganz festes« Anspannen kann insofern ggf. zu übermäßigem Anspannen führen).

Progressive Relaxation hat sich in zahlreichen wissenschaftlichen Evaluationsstudien bewährt: Durch dieses Entspannungstraining lassen sich die im Umfeld einer Reizkonfrontation auftretenden Effekte der körperlichen Anspannung abmildern. Die dazu erforderlichen Kompetenzen sollten aber solide vermittelt und geübt werden. Einen Band, der sich an Pädagoginnen und Pädagogen wendet und als Handbuch die Entwicklung dieser Fähigkeiten zur gezielten Entspannung mit Kindern vermittelt, haben Reeker-Lange, Aden & Seyffert (2010) verfasst. Er stellt die wissenschaftlichen Grundlagen dar und vermittelt Übungen, die auch im pädagogischen Alltag anwendbar sind.

5.5.2 Autogenes Training

Autogenes Training ist ebenso eine seit langer Zeit erprobte und erfolgreiche Methode, mit der gezielt durch Fremd- und Selbstsuggestion Entspannung herbeigeführt werden kann (Stetter, 2004). Dies kann auch in sitzender Haltung und insofern sehr flexibel durchgeführt werden. Nachdem eine entspannte Haltung im Sitzen oder Liegen eingenommen wurde, werden zunächst positive körperliche Wahrnehmungen fokussiert, insbesondere die Wahrnehmung von »Schwere« und »Wärme« in den Armen und den Beinen. Diese Wahrnehmung wird verstärkt, indem formelhaft Selbst- und Fremdinstruktionen wiederholt werden, die diese Wahrnehmung beinhalten wie z. B. »*meine Arme sind schwer, sie werden immer schwerer, meine Arme sind warm, sie werden immer wärmer*«. Die Zunahme der »Schwere« und »Wärme« aller Körperpartien kann zusätzlich durch eine Instruktion beim Ausatmen unterstützt werden: »*Mit jedem Ausatmen werden die Beine schwerer und wärmer*«.

Exemplarisch wird hier eine Induktion von »Schwere« dargestellt. Vorher sollte möglichst sichergestellt werden, dass für etwa eine Viertelstunde keine Störung erfolgt:

- *Die so genannte Kutscherhaltung einnehmen (stabil sitzend, Füße auseinander, leicht vornübergebeugt, Kopf leicht hängend, Unterarme auf Oberschenkel liegend (für Kinder ggf. kurz vormachen) oder bequem auf eine Yogamatte auf den Boden legen, wobei die Arme entspannt rechts und links neben den Körper liegen.*
- *Bitte Augen schließen.*
- *Zunächst auf Arme konzentrieren – rechts beginnen:* »*der rechte Arm fühlt sich schwer an*«, »*der rechte Arm fühlt sich ganz schwer an*«, »*der linke Arm fühlt sich schwer an*«, »*der linke Arm fühlt sich ganz schwer an*«, »*der rechte Arm ist ganz schwer*«, »*der linke Arm ist ganz schwer*«.
- *Jetzt auf Beine konzentrieren – rechts beginnen:* »*das rechte Bein fühlt sich schwer an*«, »*das rechte Bein fühlt sich ganz schwer an*«, »*das linke Bein fühlt sich schwer an*«, »*das linke Bein fühlt sich ganz*

schwer an«, »das rechte Bein ist ganz schwer, »das linke Bein ist ganz schwer«. (...)-

Das Anspannen der Muskulatur z. B. durch Bewegen der Arme und Beine und tiefes Atmen beendet die Übung. Wichtig für den Erfolg des autogenen Trainings ist eine regelmäßige Übung und Praxis. Auch bei Kindern im Grundschulalter wird dieses Programm erfolgreich eingesetzt, relativ unabhängig von bereits vorhandenen Belastungen und Erkrankungen. In verschiedenen zusammenfassenden Metaanalysen konnte gezeigt werden, dass autogenes Training wirksam ist, durch die suggestive Induktion von Wärme und Schwere Entspannung zu bewirken (vgl. Stetter, ebda). Übungen in der klassischen Form u. a. zu den Themen Schwere, Wärme und Atem sowie weiterführende Hinweise u. a. zur altersgerechten Durchführung eines autogenen Trainings für Kinder werden bei Behringer und Rösch (2016) dargestellt.

Achtsamkeitsbasierte Übungen

Auch achtsamkeitsbasierte Übungen haben positive Effekte wie eine tiefe Entspannung oder emotionale Ausgeglichenheit (Kabat-Zinn, 2003, S. 255ff.). Achtsamkeit ist zudem eine Möglichkeit, das Bewusstsein für einen hilfreichen Umgang mit solchen mentalen Prozessen zu fördern, die zu emotionalem Stress und ungünstigem Verhalten führen. Es konnten positive Wirkungen einer Achtsamkeitspraxis auf eine Reihe gesundheitlicher Beschwerden, wie z. B. Stress, Angst oder Depression nachgewiesen werden (vgl. Grossmann et al., 2004). Auch Achtsamkeitsprogramme können erfolgreich mit Kindern und Jugendlichen durchgeführt werden. Das Grundprinzip besteht darin, dass die Aufmerksamkeit willentlich auf die gegenwärtige Erfahrung gerichtet wird, um die aufkommenden Gedanken, Gefühle und Sinnesempfindungen, z. B. den eigenen Atem, von Moment zu Moment zu beobachten.

Einige Übungen zur Stärkung des achtsamen Umgangs mit Sinneserfahrungen können sehr gut in pädagogischen Tätigkeitsfeldern praktiziert werden. Hier werden exemplarisch das »Achtsame Essen« (Mandarine/Rosine) und der »Body Scan« zur Illustration der Methode kurz skizziert:

Beispiel »Achtsames Essen«

- Beim achtsamen Betrachten von Essen in einer Gruppe wird zunächst ein Sitzkreis gebildet.
- Die Augen werden geschlossen.
- In die hinter dem Rücken geöffneten Hände wird eine Mandarine gelegt.
- Form, Geruch und Besonderheiten der Mandarine werden wahrgenommen.
- Es wird besprochen, wie es kommt, dass die Mandarine nun reif in der eigenen Hand liegen kann (...) (Willard, 2010, S. 36.).

Beispiel »Achtsames Essen einer Rosine«

- Jedes Kind erhält eine Rosine.
- Sie wird möglichst genau erkundet: die Haut der Rosine, ihr Geruch, Geräusche beim Zerquetschen und ihre Temperatur.
- Die eigene Reaktion (Ekel, Speichelfluss), wenn die Rosine in den Mund genommen und bewegt wird, soll registriert werden.
- Ihr Geschmack beim Zubeißen soll genau empfunden werden. (Kaiser Greenland, 2010, S. 126–128)

Beispiel »Body Scan« (Dauer ca. 20 Minuten)

Die Aufmerksamkeit soll auf das Erleben des eigenen Körpers gelenkt werden, um damit die Bewusstheit der Empfindungen in allen Körperteilen zu stärken. Die Übung »Body Scan« dient der Entspannung und soll die Konzentrationsleistungen erhöhen. Der »Body Scan« ist eine der grundlegenden Übungen zur Förderung der Achtsamkeit.

Nachdem eine bequeme Haltung eingenommen wurde (z. B. liegend auf einer Matte), wird tief ein- und ausgeatmet. Dann folgt ein Hinweis, dass in diesem Moment nichts anderes getan werden muss, die Augen werden nun geschlossen. Alle spüren nach, wo der Körper den Boden berührt, geben ihr ganzes Gewicht an den Boden ab und werden immer schwerer. Die Aufmerksamkeit wandert langsam und allmählich in die Füße, einzelnen Zehen, Fußsohlen, Hacken, Waden, Oberschenkel, Bauch, Brustkorb, zum Druck des Rückens auf der Matte, zum Herzschlag, den Händen, jeden einzelnen Finger, in die Schultern, den Kopf, den Mund, die Nase, Stirn, Augen, Lippen und Kiefer. Der Atem wird wieder fokussiert, dann können die Augen wieder geöffnet werden (Willard, 2010, S. 93–96.).

Eine Darstellung, wie ein wissenschaftlich fundiertes Konzept zur Stärkung der Achtsamkeit systematisch in der Schule umgesetzt werden kann, wurde von Kaltwasser (2016) veröffentlicht. Dort werden konkrete Übungen zum Unterrichtsalltag für Schülerinnen und Schüler ab der 5. Klasse anhand verschiedener Medien zur Verfügung gestellt.

5.6 Konfrontation mit Unterstützung

Bei einer Konfrontation mit Unterstützung werden Kinder und Jugendliche gezielt mit angstauslösenden Reizen konfrontiert: Sie begeben sich also unmittelbar in eine angstauslösende Situation (z. B. Petermann & Petermann, 2015). Wie dadurch die Angst bewältigt werden kann und wie man in einem pädagogischen Kontext dabei vorgeht, wird in diesem Kapitel erläutert.

5.6.1 Angstbewältigung durch Reizkonfrontation

Üblicherweise tendieren Menschen dazu, Situationen zu meiden, die ihnen Angst machen, und evolutionsbiologisch betrachtet, ist

5.6 Konfrontation mit Unterstützung

das zunächst einmal auch eine sehr sinnvolle Reaktion. Droht Gefahr, ist es schließlich das Sicherste, sich dieser Gefahr nicht auszusetzen. So halten wir vor einem tiefen Abgrund genügend Abstand oder machen einen weiten Bogen um einen surrenden Bienenschwarm. Es liegt also auf der Hand, dass es ratsam ist, Situationen zu vermeiden, die eine tatsächliche Bedrohung für uns bedeuten. Bei schulischen Ängsten hingegen handelt es sich zumeist um irrationale Ängste: Die angstauslösenden Situationen stellen – objektiv betrachtet – keine reale Gefahr oder Bedrohung dar, die Vermeidung ist also der Situation nicht angemessen. Trotzdem wird ein Grundschulkind mit Trennungsängstlichkeit wahrscheinlich versuchen, sich nicht von der Bezugsperson zu lösen, sondern sich anklammern oder weinen; ein Siebtklässler mit sozialer Ängstlichkeit vermeidet möglicherweise den Sportunterricht, um der unangenehmen Situation in der Umkleidekabine aus dem Weg zu gehen; eine Neuntklässlerin mit starker Prüfungsängstlichkeit vermeidet es möglicherweise, sich gut auf die anstehende Klausur vorzubereiten, weil die Prüfung dadurch gedanklich in den Vordergrund rückt und die Angst zunimmt. Durch dieses Vermeidungsverhalten gelingt es den betroffenen Kindern und Jugendlichen, ihre akut aufkommende Angst kurzfristig zu reduzieren. Und das motiviert natürlich, dieses Verhalten zu wiederholen und auch beim nächsten Mal zu klammern, den Unterricht zu schwänzen oder die Prüfungsvorbereitung abzubrechen. Mit anderen Worten: Die Angstreduktion wirkt genau wie eine Belohnung und verstärkt das Vermeidungsverhalten (▶ Kap. 5.1 Pädagogische Diagnostik sowie ▶ Kap. 5.7 Kontingenzmanagement). Langfristig führt das jedoch dazu, dass nicht nur das Vermeidungsverhalten, sondern auch die Angst aufrechterhalten wird und die genannten Situationen immer wieder aufs Neue Angst auslösen werden. Will man die Angst also langfristig loswerden, ist eine Vermeidung der Situationen kontraproduktiv. Die direkte Konfrontation mit dem angstauslösenden Reiz hingegen (auch als Expositionsübungen bezeichnet) stellt zwar für die Betroffenen zunächst eine große Herausforderung dar, ist aber eine förderliche und sehr wirksame Methode zur Angstbewältigung (z. B. Foa et al., 2005; Grawe, Donati & Bernauer, 1994). Dahinter steckt vor allem ein entscheidender Prozess: Zunächst erleben die Betroffenen bei der Konfrontation intensive Angst; mit der Zeit jedoch werden sie sich an die Situation gewöhnen, und die Angst wird abnehmen. Das Aushalten der Angst über einen längeren Zeitraum führt also nahezu zwangsläufig zu einer Angstreduktion. Diesen Gewöhnungsprozess nennt man *Habituation*. Werden Konfrontationsübungen erfolgreich durchgeführt, kommt als positiver Effekt hinzu, dass die Betroffenen zwei wichtige Erfahrungen machen:

1. Sie können die Situation und die intensive Angst aushalten.
2. Ihre schlimmsten Befürchtungen treten nicht ein (z. B. die Sorge eines Kindes mit Trennungsängstlichkeit, dass der Mutter etwas passieren könnte; oder die Befürchtung einer Schülerin mit sozialer Ängstlichkeit, dass ihre Mitschülerinnen und Mitschüler sie auslachen, wenn sie einen Text vorliest; oder die Sorge eines Schülers mit Prüfungsängstlichkeit, dass er während eines Referates zusammenbrechen könnte).

Die Kinder und Jugendlichen mit schulbezogenen Ängsten lernen also durch Konfrontationsübungen, auch in der angstauslösenden Situation Kontrolle über ihr Verhalten zurückzugewinnen. Langfristig ändert sich nach der Habituation auch die eigene Erwartungshaltung: An die Stelle der Sorge, die Situation nicht aushalten zu können, treten positive Erwartungen, entspannter zu sein, die Situation kontrollieren und meistern zu können (Birbaumer, 1977).

5.6.2 Techniken

Die Reizkonfrontation ist nicht ein spezifisches Verfahren, sondern umfasst verschiedene Methoden von Expositionsübungen, die unterschiedlich gestaltet werden können. Grundlegend ist zunächst einmal die Entscheidung, ob die Übung (1) in einer realen Situation oder (2) als Gedankenexperiment durchgeführt wird. Im ersten Fall begibt sich die betroffene Person tatsächlich in eine aversive Situation, wird also mit dem angstauslösenden Reiz direkt konfrontiert (z. B. indem ein Kind mit sozialer Ängstlichkeit einen Vortrag vor der Klasse hält). Man bezeichnet dieses Vorgehen entsprechend als Exposition *in vivo*. Im zweiten Fall wird die betroffene Person nicht der realen Situation ausgesetzt; vielmehr wird die Situation in Gedanken durchlebt. Dieses Vorgehen wird als Exposition *in sensu* bezeichnet. In der Regel wird dieser Prozess angeleitet und eignet sich in erster Linie für den therapeutischen Kontext, während die Exposition in vivo auch im Schulkontext Anwendung finden kann (s. unten: Hinweise zur Durchführung).

Konfrontationsübungen werden in der Regel mehrfach durchgeführt. Eine gängige Vorgehensweise ist es, dabei die Angstintensität der jeweiligen Situation von Übung zu Übung sukzessive zu steigern: Zu Beginn werden die Betroffenen also einer Situation ausgesetzt, in der sie nur schwache Angst erleben (z. B. bei Trennungsängstlichkeit ein fünfminütiger Besuch bei den Großeltern ohne die Mutter); in der nächsten Übung wird dann eine Situation gewählt, in der die Betroffenen etwas stärkere Angst erleben (z. B. bei Trennungsängstlichkeit ein Nachmittag bei einer Spielfreundin ohne die Mutter), und schließlich begeben sich die Betroffenen in eine Situation, die stark angstauslösend ist (z. B. bei Trennungsängstlichkeit der Schulweg ohne die Mutter). Dieses *graduelle* Vorgehen bietet sich in den meisten Fällen an; insbesondere bei Kindern bis zum Alter von 12 Jahren ist es die Methode der Wahl. Demgegenüber steht die *massierte* Exposition, bei der die Betroffenen gleich zu Beginn der Expositionsübungen direkt mit einer stark ausauslösenden Situation konfrontiert werden. Der Effekt durch die Erfahrung, die Angst aushalten zu können, schlägt sich hier noch stärker nieder; allerdings ist zu beachten, dass zum einen die Kooperation der Betroffenen möglicherweise geringer ausfallen könnte und zum anderen ein gewisses Risiko besteht, dass es zu einer Überforderung oder einer Schockreaktion kommen könnte: Ist die Angst so groß, dass die Exposition abgebrochen werden muss, bleibt die angestrebte positive Erfahrung eigener Kompetenz aus; mehr noch: Die Betroffenen machen dann die Erfahrung, der Angst nicht gewachsen zu sein, was kontraproduktiv für das weitere Vorgehen ist. Zudem würde dadurch Fluchtverhalten begünstigt werden, was durch den Verstärkungseffekt langfristig wiederum Vermeidungstendenzen fördert. Auch bei einer massierten Exposition ist die Situation und die damit zusammenhängende Angstintensität also mit Bedacht zu wählen.

Konfrontationsübungen eigenen sich sehr gut, um sie mit anderen Techniken zu kombinieren, z.B. mit kognitiven Strategien (▶ Kap. 5.4 Bewältigung dysfunktionaler Gedanken) oder Entspannungsverfahren (▶ Kap. 5.5 Entspannung). Dadurch werden die Betroffenen bei der Angstregulation zusätzlich unterstützt. Bei der sogenannten systematischen Desensibilisierung (Wolpe, 1958) wenden die Betroffenen beispielsweise während der Reizkonfrontation Entspannungstechniken zur Angstregulation an. Das Ziel ist es also, in einer angstauslösenden Situation durch Entspannung die Angst zu reduzieren. Dabei wird graduell das Angstniveau von Übung zu Übung gesteigert und jeweils mit Entspannungstechniken reguliert. Insbesondere bei Prüfungsängstlichkeit ist ein solches Vorgehen sinnvoll, da in einer Prüfungssituation auch kognitive Leistungsanforderungen gestellt werden. Die Leistungsfähigkeit der Betroffenen muss also während der Reizkonfrontation gewährleistet sein, weshalb unterstützende Möglichkeiten zur Angstregulation angeboten werden.

5.6.3 Hinweise zur Durchführung

Expositionsübungen eignen sich grundsätzlich gut für den pädagogischen Einsatz im Schulkontext. In Absprache mit den betroffenen Kindern und Jugendlichen, deren Eltern und ggf. therapeutischen Fachkräften lassen sich vielfältige Übungen gestalten, die bei der Angstbewältigung hilfreich sein können. Bei der Durchführung sind verschiedene Aspekte zu beachten:

1. Angsthierarchie als Grundlage

   Vor einer Expositionsübung müssen angstauslösende Situationen zunächst einmal identifiziert werden. Dabei sollten verschiedene Situationen erfasst werden, bei denen sich das Angstniveau unterscheidet, sodass die Situationen anschließend in eine Rangfolge von wenig bis stark angstauslösend gebracht werden können. Dies gelingt mit einer Angsthierarchie (▶ Kap. 5.1.3), die individuell erstellt wird. Diese Angsthierarchie ist die Grundlage für die Wahl der Situationen bei den Expositionsübungen.

2. Gute Vorbereitung statt Spontaneität

   Für die betroffenen Kinder und Jugendlichen ist jede Exposition eine Herausforderung; Misserfolge aufgrund von einer unzureichend geplanten Reizkonfrontation sind fatal. Expositionsübungen sollten also nicht spontan durchgeführt werden. Vielmehr muss jede Expositionsübung systematisch geplant und vorbereitet werden. Dazu gehört auch, dass mit den Betroffenen vorab über mögliche Emotionen und Gedanken gesprochen werden sollte, die während der Übung auftreten können. Ggf. können auch Strategien vermittelt werden, auf die während der Exposition zurückgegriffen werden können (z. B. Selbstbekräftigung oder Mutmachgedanken, ▶ Kap. 5.5).

3. Kein Vermeidungsverhalten zulassen

   Langfristig sollten die Betroffenen kein Vermeidungsverhalten während der Expositionsübung anwenden. Dazu gehört auch Sicherheitsverhalten, das insbesondere bei sozialer Ängstlichkeit angewendet wird (also z. B. wegschauen, leise sprechen etc.). Sollte dies für die Betroffenen zu Beginn noch zu schwierig sein, ist es auch denkbar, solche Verhaltensweisen am Anfang der Expositionsübungen zuzulassen und mit dem Fortgang der Übungen zu reduzieren (Telch & Lancester, 2012).

4. Übungen häufig und in kurzem Abstand durchführen

   Damit sich die Habituation einstellt, ist es sinnvoll, die Expositionsübungen vor allem zu Beginn häufig und dicht aufeinander folgend durchzuführen. Beispielsweise könnte man mit kurzen Übungen 3–4 Mal pro Woche beginnen.

5. Zum Selbstmanagement ermuntern
  Die betroffenen Kinder und Jugendliche können Expositionsübungen auch eigenständig durchführen. So können sie sich beispielsweise selbstständig kleine Herausforderungen suchen, bei denen sie sich einer aversiven Situation stellen.
6. Nachbereitung
  Nach der Reizkonfrontation sollte die Möglichkeit geboten werden, über die Übung und aufkommende Gedanken und Gefühle zu sprechen.
7. Reflektieren und im Kontakt bleiben
  Im laufenden Prozess der Expositionsübungen sollte immer wieder kritisch reflektiert werden, ob die Übungen stimmig sind und gut funktionieren. Ebenso sollte fortwährend Rücksprache mit den Kindern und Jugendlichen sowie Eltern und ggf. weiteren Fachkräften gehalten werden.

5.7 Kontingenzmanagement

Unter Kontingenzmanagement versteht man den gezielten Einsatz von Belohnungen (und ggf. Bestrafungen), um Verhalten zu verändern. Erwünschte Verhaltensweisen von Kindern und Jugendlichen werden dabei verstärkt, damit die Betroffenen diese in ihr Verhaltensrepertoire aufnehmen und häufiger zeigen; unerwünschte Verhaltensweisen werden dagegen nicht verstärkt oder sogar bestraft, damit sie zukünftig seltener von den Betroffenen gezeigt werden.

5.7.1 Verstärkung und Bestrafung von Verhalten

Wie Menschen sich in einer Situation verhalten, wird maßgeblich davon beeinflusst, welche Konsequenzen sie von ihrem Verhalten erwarten (z. B. Linderkamp, 2018). Im Abschnitt zur Verhaltensanalyse (▶ Kap. 5.1.2 Funktionale Verhaltensanalyse) wurde bereits deutlich, dass wir ein bestimmtes Verhalten wahrscheinlich dann erneut zeigen werden, wenn wir die Erfahrung gemacht haben, dass darauf eine positive Konsequenz folgt, z. B. ein Lob der Lehrkraft oder eine materielle Belohnung. Man spricht dann von positiver Verstärkung. Auch das Ausbleiben oder Entfernen einer negativen Konsequenz wird als belohnend empfunden, was als negative Verstärkung bezeichnet wird. Wird bei schulbezogenen Ängsten also durch das Vermeiden einer aversiven Situation die erlebte Angst reduziert, wirkt diese Angstreduktion verstärkend. Durch positive und negative Verstärkung wird also die Auftretenswahrscheinlichkeit eines Verhaltens erhöht.

Mit einer Bestrafung hingegen wird die Auftretenswahrscheinlichkeit eines Verhaltens reduziert. Dabei kann die Bestrafung direkt, d. h. durch einen negativen Reiz erfolgen (z. B. Schimpfen, Strafarbeit o. Ä.), oder indirekt durch das Entfernen eines positiven Reizes (z. B. Kürzung von Computerzeiten o. Ä.).

5.7.2 Arten von Verstärkern

Die Reduzierung von Angst, die Kinder und Jugendliche erfahren, wenn sie eine unangenehme Situation vermeiden, wirkt also (negativ) verstärkend und führt damit zu einer Aufrechterhaltung des Vermeidungsverhaltens. Diesen inneren Prozess der Angstreduktion bezeichnet man auch als interne Verstärkung oder Selbstverstärkung.

Beim Kontingenzmanagements werden jedoch gezielt externe Verstärker von Pädagoginnen und Pädagogen oder auch Eltern eingesetzt. Es handelt sich also um fremdinitiierte Verstärker, bei denen sich grundsätzlich drei Arten unterscheiden lassen:

1. *Materielle Verstärker:* konkrete Dinge wie Spielsachen, Bücher etc.
2. *Soziale Verstärker:* soziale Handlungen wie Lob, Lächeln oder auch Aufmerksamkeit
3. *Handlungsverstärker:* Tätigkeiten wie Spielen oder gemeinsame Aktivitäten (z. B. der Besuch einer Veranstaltung)

Tab. 3: Verstärkung und Bestrafung von Verhalten

Verstärkung/ Bestrafung	Erklärung	Beispiel
Positive Verstärkung	Auf ein Verhalten folgt eine positive Konsequenz. ▶ Aufrechterhaltung bzw. Aufbau des Verhaltens	Ein Schüler meldet sich im Unterricht und erhält dafür ein Lob.
Negative Verstärkung	Ein unangenehmer Zustand wird aufgrund eines Verhaltens beendet oder verhindert. ▶ Aufrechterhaltung bzw. Aufbau des Verhaltens	Die Drohung von Eltern, einen Besuch auf dem Jahrmarkt abzusagen, wenn ihr Kind die Hausaufgaben nicht macht, wird nicht verwirklicht, weil das Kind die Hausaufgaben erledigt.
Direkte Bestrafung	Auf ein Verhalten folgt eine negative Konsequenz. ▶ Abbau des Verhaltens	Eine Schülerin hat den Unterricht geschwänzt und muss daraufhin ein Referat halten.
Indirekte Bestrafung	Ein angenehmer Zustand wird als Folge auf ein Verhalten beendet oder verhindert. ▶ Abbau des Verhaltens	Einem Jugendlichen wird die Computerzeit gekürzt, weil er seine Hausaufgaben nicht erledigt hat.

Was von einem Menschen als belohnend oder bestrafend empfunden wird, ist allerdings individuell sehr unterschiedlich: So kann es beispielsweise für ein Kind ein großer Anreiz sein, Sternchenaufkleber zu sammeln, die es für ein bestimmtes Verhalten bekommt (materieller Verstärker), während für ein anderes Kind eher die gemeinsam verbrachte Zeit mit einem Elternteil einen verstärkenden Effekt haben kann (sozialer Verstärker). Daher sollten die eingesetzten Verstärker mit den betroffenen Kindern und Jugendlichen individuell abgestimmt werden.

5.7.3 Techniken des Kontingenzmanagements

Ein wichtiges Prinzip des Kontingenzmanagements ist es, neben dem Abbau unerwünschter oder dysfunktionaler Verhaltensweisen auch darauf zu achten, erwünschtes Verhalten aufzubauen bzw. zu fördern. Im Kontext schulbezogener Ängste sollten also einerseits Vermeidungstendenzen nicht weiter verstärkt und andererseits die Konfrontation mit angstauslösenden Reizen unterstützt werden.

Für den Auf- und Abbau von Verhalten gibt es verschiedene Techniken (vgl. Linderkamp, 2018):

- *Token-System:* Anstelle von Verstärkern, die die betroffenen Kinder und Jugendlichen unmittelbar erhalten, wird zunächst ein Punkte-System verwendet. Für jede vorher definierte erwünschte Verhaltensweise erhält das Kind einen Punkt. Hat es eine bestimmte Anzahl Punkte gesammelt, können diese dann gegen den eigentlichen Verstärker eingetauscht werden. Beispielsweise könnte man mit einem Schüler mit sozialer Ängstlichkeit vereinbaren, dass er für jeden Wortbeitrag im Unterricht einen Punkt erhält. Hat der Schüler 10 Punkte gesammelt, kann er diese gegen eine kleine Belohnung wie Sammelkarten oder ein Comic-Heft eintauschen.

- *Response-Cost-Verfahren:* Bei dieser Methode werden positive Verstärkung und indirekte Bestrafung miteinander kombiniert. Für ein bestimmtes zuvor festgelegtes Verhalten erhalten die betroffenen Kinder und Jugendlichen eine Belohnung (positiver Verstärker), die beim Auftreten unerwünschter Verhaltensweisen wieder entzogen wird (indirekte Bestrafung). Für das obige Beispiel mit dem Schüler mit sozialer Ängstlichkeit wäre es beispielsweise denkbar, dass für jede Schulstunde, die der Schüler unentschuldigt fehlt, wieder Punkte entzogen werden.
- *Shaping:* Ein Verhalten zu entwickeln, mit dem schulbezogene Ängste erfolgreich bewältigt werden können, stellt für unseren Personenkreis in der Regel eine große Herausforderung dar. Schließlich beinhaltet dies meist eine direkte Konfrontation mit den angstauslösenden Situationen (▶ Kap. 5.6 Konfrontation mit Unterstützung). Es ist daher sinnvoll, nicht nur das angestrebte Zielverhalten, sondern bereits Zwischenschritte auf dem Weg zu diesem Verhalten positiv zu verstärken. Diese sukzessive Verstärkung der Annäherung an das Zielverhalten bezeichnet man als Shaping. Es gilt also, alle Impulse der betroffenen Kinder und Jugendlichen, sich mit der Angst auseinanderzusetzen und sich den befürchteten Situationen zu stellen, durch den Einsatz geeigneter Verstärker zu unterstützen. Diese können sich in der Praxis durchaus steigern, z. B. bei sozialer Ängstlichkeit von Lob für Wortmeldungen im Unterricht bis hin zu einer Urkunde für einen freien Vortrag.
- *Chaining:* Setzt sich ein erwünschtes Verhalten aus mehreren Verhaltensschritten zusammen, kann das Chaining zum Einsatz kommen, bei dem die Verknüpfung der einzelner Verhaltensteile verstärkt wird.
- *Prompting:* Beim Prompting werden gezielt Hilfestellungen gegeben, um auf das entsprechende erwünschte Verhalten aufmerksam zu machen, indem man beispielsweise Anweisungen gibt (z. B. »Sprich beim Vorlesen laut und deutlich«) oder die Betroffenen bekräftigt (z. B. »Du schaffst das«).

- *Fading:* Fading ist der gegenläufige Prozess zum Prompting, d. h. Hilfestellungen werden schrittweise reduziert, wenn die Kinder und Jugendlichen sie nicht mehr benötigen.

5.7.4 Kontingenz als Voraussetzung für Verstärkungslernen

Damit positive wie negative Verstärkung oder direkte wie indirekte Bestrafung grundsätzlich funktionieren kann, ist es wichtig, dass ein kausaler Zusammenhang zwischen dem Verhalten und dem Verstärker besteht. Denn nur wenn die betroffenen Personen lernen, dass ihr Verhalten der Grund für die erfolgte Konsequenz ist, wird die zukünftige Auftretenswahrscheinlichkeit des Verhaltens beeinflusst. Folgt regelmäßig auf das gleiche Verhalten der gleiche Verstärker – d. h. es ist ein kausaler Zusammenhang vorhanden – spricht man von Kontingenz (▶ Kap. 5.1.2 Funktionale Verhaltensanalyse, SORCK-Modell). Für die Anwendung im pädagogischen Alltag bedeutet das, dass die Verstärkung bzw. Bestrafung eines Verhaltens zeitlich unmittelbar nach dem gezeigten Verhalten erfolgen sollte. So ist der Zusammenhang zwischen Verhalten und Konsequenz für die Betroffenen erkennbar. Eine verzögerte Verstärkung kann hingegen dazu führen, dass die Kinder und Jugendlichen den Zusammenhang zwischen ihrem Verhalten und der erfolgten Konsequenz nicht mehr herstellen können; dann hat die Verstärkung oder Bestrafung auch keinen Einfluss auf zukünftiges Verhalten.

5.7.5 Unbewusster Einsatz von Verstärkern

Im Alltag werden durch intuitive Reaktionen enger Bezugspersonen von Kindern und Jugendlichen, die die Symptome einer Schulangst zeigen, Vermeidungstendenzen häufig unbewusst verstärkt und damit schulbezogene Ängste ungewollt aufrechterhalten. Drängt beispielsweise ein Kind mit Trennungsängstlichkeit bei der

Lehrkraft auf einen Anruf zu Hause, wirkt die Erfüllung dieses Wunsches und die damit verbundene Zuwendung als positive Verstärkung. Für das pädagogische Handeln bedeutet das also, intuitive Reaktionen zu hinterfragen und Zusammenhänge von Verhalten und Konsequenzen zu analysieren. Die in Kapitel 5.1.2 (▶ Kap. 5.1.2) dargestellte funktionale Verhaltensanalyse kann dabei ein hilfreiches Tool sein, um das Verhalten in seinem Kontext zu betrachten und sowohl auslösende als auch aufrechterhaltende Faktoren zu identifizieren.

Häufig wirken vor allem die Reaktionen von Eltern verstärkend, indem sie ihre Kinder beispielsweise bei Anzeichen von Unwohlsein zu Hause lassen oder zur Aufheiterung eine gemeinsame Unternehmung machen. In der Elternberatung (▶ Kap. 5.2 Psychoedukation) gilt es, solche verstärkenden Verhaltensweisen der Eltern zu identifizieren und aufzulösen, wobei man als Pädagogin und Pädagoge besonders sensibel vorgehen sollte. Denn auch wenn dieses Elternverhalten für einen erfolgreichen Umgang mit schulbezogener Ängstlichkeit hinderlich ist, weil es zur Aufrechterhaltung der Angst beiträgt, ist den Eltern kein Vorwurf zu machen, da ihnen in der Regel dieser Zusammenhang nicht bewusst ist und sie aus nachvollziehbarem Grund so handeln: Schließlich wollen sie, dass ihr Kind sich sicher und geborgen fühlt. Erschwerend hinzu kommt, dass körperliche Symptome wie Übelkeit oder Bauchschmerzen erst einmal akkurat eingeschätzt und als Teil der Angstsymptomatik identifiziert werden müssen, bevor eine konfrontative Bewältigung initiiert wird: Schließlich möchte niemand, dass ein Kind zur Schule geschickt wird, dessen Bauchschmerzen tatsächlich körperlichen Ursprungs sind; nur wenn die körperlichen Beschwerden Ausdruck schulbezogener Angst sind, sollte eine Konfrontation in Erwägung gezogen werden, um einer Aufrechterhaltung entgegen zu wirken. Zur richtigen Beurteilung sollten also stets die Betroffenen selbst einbezogen werden. Eine funktionelle Verhaltensanalyse, bei der auslösende und aufrechterhaltende Faktoren berücksichtigt werden (▶ Kap. 5.1: Pädagogische Diagnostik), kann dabei helfen.

5.8 Begleitende Evaluation

Schulbezogene Ängste wie Trennungsängste, soziale Ängste und Prüfungsängste offenbaren sich in einer raum-zeitlichen Nähe zum sozialen Geschehen innerhalb des Kontexts Schule. Für das Erkennen von Schulangst und deren Anwachsen bzw. Bewältigung eignet sich insofern kein anderer Ort so gut wie die Schule selbst. Gleichzeitig ist in den letzten Kapiteln deutlich geworden, dass sich Unterricht und die soziale Umgebung Schule insgesamt als Ort für Interventionen bei schulbezogenen Ängsten sehr gut eignen.

Nach einigen grundsätzlichen Überlegungen zur Evaluation pädagogischer Maßnahmen werden Methoden dargestellt, die das Konkretisieren von individuellen Zielen und deren Erreichen erfassbar machen. Danach werden übergreifende Evaluationsziele vorgestellt und Zugänge zu deren Erhebung.

5.8.1 Vorüberlegungen

Es ist seit vielen Jahren bekannt, worin wirksame Methoden bestehen, um Ängsten bei Kindern und Jugendlichen effektiv zu begegnen (Schneider & In-Albon, 2006). Insofern bezieht sich die begleitende Evaluation von Interventionen bei Ängsten in der Schule nicht primär auf die Frage nach der generellen Wirksamkeit einer Maßnahme. Die Anwendung evidenzorientierter Methoden (vgl. Stark, 2017) bedeutet aber nicht notwendigerweise, dass die Intervention auch angemessen und erfolgreich war; insofern kann eine begleitende Evaluation verschiedene Fragen in den Fokus nehmen, bei denen beispielsweise auch die Machbarkeit einer pädagogischen Intervention im Zentrum steht (ebda).

Eine solche begleitende Evaluation ist nicht ohne zeitlichen und personellen Aufwand realisierbar, kann aber langfristig dazu beitragen, Fragen nach der Effektivität und Adäquatheit zu beantworten, um künftig Ressourcen sinnvoller einzusetzen. Evaluation kann zudem als Rückmeldung zum gewählten pädagogischen Konzept in der Förderplanung und der Durchführung dienen und insofern ein Entwicklungsimpuls darstellen, bei dem beispielsweise Fortbildungsbedarf offengelegt wird. Nicht zuletzt rechtfertigt ein Erfolg aus Sicht von Schülerinnen und Schülern, die Zufriedenheit von Eltern und die positiven Feedbacks aus dem Kollegium den Aufwand einer Intervention, sowohl nach innen als auch gegenüber Dritten, wie z. B. dem Schulamt oder anderen Kostenträgern.

5.8.2 Individuelle Zielsetzungen

Eine evaluative Grundhaltung innerhalb der pädagogischen Arbeit lässt sich nach Hattie (2012) daran erkennen, dass diese Fragen begleitend gestellt und möglichst beantwortet werden:

- Was ist das Ziel der pädagogischen Maßnahme?
- Wird es erreicht?
- Weshalb (nicht)? Was sollte verändert werden?

Eine Konkretisierung der Zielsetzung erfordert aber neben der Formulierung des Ziels eine Konkretisierung der Indikatoren (Worauf achte ich?) und das Festlegen eines Erfolgskriteriums (Wann ist das Ziel erreicht?).

Es liegt zudem in der Natur der Unterschiedlichkeit der Perspektiven aller Beteiligten, dass sich die gesetzten Prioritäten unterscheiden. Die Frage »Was ist Ihnen besonders wichtig?« kann diese Vielfalt im Vorfeld einer begleitenden Evaluation transparent machen. Eltern verfolgen möglicherweise diese Ziele:

- »Wir haben weniger Sorgen im Alltag.«
- »Mein Kind fühlt sich wohl in der Schule.«
- »Die Schulleistung sollte sich verbessern.«

Im Kollegium werden sicher andere Ziele im Vordergrund stehen, wie z. B.

- »Der Unterricht kann reibungslos stattfinden.«
- »Das Ganze ist mit überschaubarem Aufwand umsetzbar.«
- »Die Schülerin/der Schüler ist entspannter.«

Betroffenen Schülerinnen oder Schülern ist vielleicht eher dies wichtig:

- »Ich fühle mich besser in der Schule.«
- »Ich lerne, mit schwierigen Momenten besser klar zu kommen.«
- »Ich kann mich darauf verlassen, dass ich unterstützt werde.«

Die so genannte Zielerreichungsskala (Goal Attainment Scale, Kiresuk & Sherman, 1968) versucht, diesen individuellen Zielsetzungen der Beteiligten gerecht zu werden, indem sie im Vorfeld thematisiert werden. Sie kann als Bausatz genutzt werden, bei dem das Erreichen individueller Ziele im Zentrum steht: Zumeist werden hierzu drei bis fünf verständlich formulierte Ziele erarbeitet. Danach werden Kriterien formuliert, mit denen die Zielerreichung erkannt werden soll. Im nächsten Schritt wird die aktuelle Situation beschrieben, inwieweit das Ziel erreicht ist (Skalenpunkt 0), danach, wie es ist, wenn das Ziel voll erreicht wird (+4). Schließlich wird beschrieben, wie es wäre, wenn das Ziel absolut nicht erreicht worden wäre (-2) und worin eine erste Verbesserung erkannt werden kann (+1). Danach sollen die anderen Skalenpunkte beschrieben werden.

Im Einzelgespräch beschreibt beispielsweise ein Jugendlicher bezüglich des o. g. Ziels »Ich hätte gerne mehr Kontakte zu anderen!« die in Tabelle 4 dargestellten Skalenpunkte.

Tab. 4: Skalenpunkte für das Ziel: »Ich hätte gerne mehr Kontakte zu anderen!«

Am besten (5)	Habe zu wenig Zeit für meine Freunde; werde häufig angerufen; komme gut mit anderen aus, auch wenn ich sie nicht besonders mag; andere finden mich gut
Sehr gut (4)	Gehe manchmal am Wochenende feiern; werde nun auch von anderen angesprochen; habe Freunde und auch eine Freundin
Gut (3)	Lerne neue Leute kennen; verabrede mich; kenne einige auch in meiner Umgebung
Etwas besser (1)	Wissen, wie ich daran etwas ändern kann; traue mich etwas mehr, wenn mich jemand interessiert; habe weniger Angst vor Unbekannten
Aktuell (0)	Habe wenige Bekannte und selten Verabredungen; kann andere nicht gut ansprechen, selbst wenn ich will; bin unsicher, wenn mich jemand anspricht
Schlechter (-1)	Immer Ärger mit anderen; gehe ungern aus dem Haus; keine Idee, wo ich andere treffen könnte
Am schlechtesten (-2)	Keine Freunde; Angst das Haus zu verlassen; keine Hoffnung; niemand kann gefragt werden

Hierbei wird ermöglicht, dass anhand der individuellen Ziele eine Beschreibung erfolgt. Auf diese Weise kann betrachtet werden, inwieweit einzelne Ziele für unterschiedliche Beteiligte erreicht werden.

5.8.3 Übergreifende Zielsetzungen

Kirkpatrick und Kirkpatrick (2010) beschreiben Evaluationsebenen, die sich als Struktur der übergreifenden Zielsetzungen einer begleitenden Evaluation von Interventionen bei Schulangst eignen.

1. Die Ebene der Akzeptanz: Verständlichkeit und Umsetzbarkeit bei Eltern, Kolleginnen und Kollegen sowie Schülerinnen und Schülern.
2. Die Ebene des Lernens: Zuwachs relevanten Wissens bei dem oben genannten Personenkreis.
3. Die Ebene des Verhaltens: Verhaltensänderungen (insbesondere Vermeidungsverhalten) bei Betroffenen, Aktivitäten, die eine als belastend erlebte Situation verändert haben.
4. Die Ebene der Ergebnisse: Reduktion von Fehlzeiten als ein wichtiger Indikator für Vermeidungsverhalten bei Schulangst.

Möglichkeiten zur Realisierung einer solchen Evaluation bestehen dann in Auswertungsgesprächen, die ökonomisch als Gruppengespräch oder, je nach Inhalt, individuell geführt werden können, in Verhaltensbeobachtungen und der Auswertung von pädagogischen Dokumentationen (z. B. hinsichtlich der Fehlzeiten und/oder der Leistungsentwicklung).

6

Fallvignette Eliza

6.1 Ausgangslage

Seit einigen Tagen spielt sich auf dem Schulhof der Schule Nord morgens wiederholt eine Szene ab, die bei Kindern und Lehrkräften für Aufmerksamkeit sorgt: Ein Mädchen wird von seiner Mutter an der Hand über den Schulhof begleitet. Es wirkt so, als ob sie nur sehr widerwillig in die Schule gehen würde. Es handelt sich um Eliza, die erst seit wenigen Wochen ihre neue Schule besucht. Insbesondere montags wirkt Eliza ganz offensichtlich sehr belastet. In letzter Zeit häufen sich auch Tage, in denen sie nicht in der Schule erscheint. Eliza beteiligt sich zudem immer seltener am Unterricht und wirkt zunehmend unaufmerksam. Im Unterricht schaut sie zum Fenster hinaus, reagiert nur langsam, wenn andere sie ansprechen und fragt ihre Lehrerin öfter ohne besonderen Anlass, ob sie nach Hause gehen darf.

In wenigen Wochen plant Elizas Klasse einen einwöchigen Schullandheimaufenthalt, der zeitlich viel Raum einnimmt und aktuell im Unterricht intensiv vorbereitet wird. Dabei wird in kleinen Gruppen zu verschiedenen Themen gearbeitet wie z.B. »Was wollen wir zusammen kochen?«, »Wohin wollen wir Ausflüge machen?«, »Was brauchen wir für unsere Nachtwanderung?«, »Welche Spiele probieren wir aus?«. Die Begeisterung und das Engagement in der Klasse sind enorm groß und es ist das Hauptthema im Unterricht und in der Pause. Die Zimmeraufteilung steht derzeit noch aus und ein vorbereitender Elternabend ebenso.

Frau W. hat immer wieder mit Schülerinnen und Schülern zu tun, die aus verschiedenen Gründen belastet sind. Ein enger kollegialer Austausch hierüber findet mit der Schulsozialarbeiterin statt, Frau W. ist außerdem sehr froh über die vertrauensvolle Zusammenarbeit innerhalb ihres Schulkollegiums. Dass es Eliza im Moment nicht gut geht, hat Frau W. sehr schnell erkannt. Sie konnte im Vorfeld ein Telefonat mit Elizas Mutter führen, die bei dieser Gelegenheit ihre familiäre Situation geschildert hat.

6.2 Fragestellung

Frau W. nimmt die dargestellte Situation im Schulhof – sie war mehrfach morgens anwesend –, die Beobachtung von Elizas Verhalten im Klassenkontext und die Fehlzeiten zum Anlass, sich zunächst mit einigen Kolleginnen und Kollegen zu besprechen und die Schulakte genauer anzusehen. Nach einem Gespräch im Kollegium, in dem durchweg bestätigt wurde, dass Eliza einen zunehmend passiven und bekümmerten Eindruck macht, entschließt sich Elizas Klassenlehrerin dazu, zuerst mit ihr in Kontakt zu treten und Elizas Eltern nach dem bevorstehenden Elternabend ein Gespräch anzubieten. Dabei soll gemeinsam geklärt werden, worin Möglichkeiten zur pädagogischen Unterstützung und Begleitung für Eliza bestehen könnten.

6.3 Informationen zur Person

Eliza ist 8;3 Jahre alt und lebt zusammen mit ihrer Mutter in einer Zweizimmerwohnung im 3. Obergeschoss eines Mehrfamilienhauses. Sie hat dort ein eigenes kleines Zimmer, in dem sie die meiste Zeit des Nachmittags verbringt. Im Kinderzimmer steht ein Zeichentisch, ein mit alten und neuen Comics gefülltes Bücherregal und ein älterer Computer, den sie von ihrem Vater geschenkt bekommen hat. Eliza zeichnet und liest zurzeit besonders gerne Comics, denkt sich Abenteuergeschichten aus und sieht sich die alten Comicbücher ihres Vaters an.

Eliza war eigentlich immer schon gerne zu Hause, zusammen mit Mama und, wenn er da war, mit Papa. Als sie noch sehr klein war, sind sie und ihre Eltern in diese Stadt in einer für sie damals neuen Region umgezogen. Ihre Mutter hat seinerzeit zunächst ihre Tätigkeit als Versicherungskauffrau beendet, um sich in den ersten Lebensjahren intensiver um Eliza zu kümmern.

Elizas frühkindliche Entwicklung verlief weitgehend unauffällig, allerdings waren beide Elternteile noch sehr jung und hatten aufgrund des Umzugs nur sehr wenige Sozialkontakte in der neuen Stadt. Als ihre Mutter schließlich wieder eine bezahlte Tätigkeit aufnehmen wollte, war Eliza drei Jahre alt und sollte in die Kita gehen. Es fiel Elizas Mutter zunächst sehr schwer zu sehen, dass ihre Tochter bereits eine kurze Trennung für ein paar Stunden extrem belastete. Nach Auskunft der betreuenden Pädagogin dauerte es bis zum Frühstück, ehe sich Eliza beruhigte. Sie aß aber zumeist nichts, war bedrückt und nahm nahezu keinen Kontakt zu Gleichaltrigen auf. Versuche, sie zum Spiel zu animieren, scheiterten vielfach, sodass sie sehr oft alleine am Tisch saß und vor sich hinträumte. In der ersten Zeit besuchte Eliza dann phasenweise wochenlang nicht die Kita, sodass sich kaum Kontakte und Freundschaften mit anderen Kindern ergaben.

Obwohl die Einschulung anfangs ähnlich belastet erschien, stabilisierte sich Elizas Freundeskreis aufgrund der günstigen Wohn- und Lebenssituation. Sie legte den Schulweg morgens mit zwei anderen Kindern aus der Nachbarschaft zurück, die sie auch nachmittags außerhalb der Schule traf: Ihre Mutter arbeitete wieder halbtags und so verliefen die ersten beiden Schuljahre insgesamt sehr positiv.

Nach der Trennung ihrer Eltern erfolgte rasch ein Umzug in die deutlich kleinere Wohnung, der mit einem Schulwechsel verbunden war. Eliza entwickelte ab diesem Zeitpunkt erneut sehr große Probleme in Trennungssituationen. Sie erlebte immer mehr die Angst, ihre Mutter könnte einen Unfall haben, während sie ihren Vater besucht oder wenn sie in der Schule ist. Wenn sie im 14-tägigen Wechsel ihren Vater besuchte, konnte sie abends zumeist erst extrem spät einschlafen und war dann am nächsten Tag weinerlich, müde und fühlte sich schlecht. Der Abschied von ihrem Vater war wiederum verbunden mit wiederholter Trauer; sie schämte sich, dass sie ihrem Vater eine Belastung war und wollte immer wieder erreichen, dass sich ihre Eltern treffen und wieder besser verstehen.

Die neue Schulsituation erlebt sie nun als schwierig, da sie niemanden kennt und »alle schon Freunde haben«. Sie möchte eigentlich nie in die Schule gehen; ist sie schließlich dort, dann denkt sie an ihre Mutter, was ihr sehr oft »Bauchweh macht«. Abends kann sie inzwischen nicht mehr »abschalten«, denkt an die Schule, vermisst ihren Vater, schläft erst spät ein und ist morgens dünnhäutig. Das erschwert auch immer mehr den Moment des Abschieds, wenn sie in die Schule gehen muss.

6.4 Familiäre Situation

Elizas Eltern kennen sich noch aus frühen Teenagerzeiten. Beide hatten den Wunsch, baldmöglichst zu heiraten und Kinder zu bekommen. Dieser Wunsch war verbunden mit dem Ziel, der eigenen Familie zu entkommen und sich woanders »etwas Neues« aufzubauen. Ein Kontakt zu ihren Herkunftsfamilien fand nach dem Umzug nur statt, wenn es nicht zu vermeiden war. Das Leben mit einem kleinen Kind in einer völlig neuen Umgebung, ohne Freunde, Familie und Beruf machte Elizas Mutter aber zunehmend zu schaffen. Ihr Wunsch, wieder zu arbeiten, die Enttäuschung über die Lebenssituation, die sie sich anders erträumt hatte, und die wiederkehrend stressreichen Tage, in denen Eliza in die Kita ging, wurden zu einer Belastung der Partnerschaft. Aus ihrer Sicht erhielt sie viel zu wenig Unterstützung, insbesondere von Elizas Vater. Es folgten Monate, in denen die Eltern von Eliza sich häufig lautstark abends stritten und Eliza erhebliche Einschlafprobleme entwickelte. Etwa ein Jahr lang schien sich dann aber die familiäre Situation zu beruhigen, bis Elizas Vater, für Eliza und deren Mutter völlig überraschend, den beiden eröffnete, dass er ausziehen und seine Familie verlassen würde. Das ist jetzt 6 Monate her; mittlerweile lebt er gemeinsam mit einer anderen Frau in einer kleinen Wohnung; sie erwartet in wenigen Monaten ihr erstes Baby. Für Elizas Mutter ist der Kontakt zu ihrem Ex-Mann eine sehr große Belastung. Die Trennung und der Konflikt zwischen den beiden ist ein Dauerthema auch mit Eliza. Die Lebenssituation in der neuen Umgebung macht ihr ebenso zu schaffen, da sie noch weniger Unterstützung erfährt und ihre berufliche Situation nur schwer mit den Bedürfnissen von Eliza vereinbar ist. Wenn Eliza jedes zweite Wochenende ihren Papa trifft, dann ist die neue Partnerin zumeist nicht anwesend.

6.5 Schulische Situation

Sowohl Elizas schulische Leistungen als auch ihre sozialen Kontakte entwickelten sich in den ersten beiden Schuljahren weitgehend positiv. Sie war sowohl innerhalb ihres familiären Lebensumfelds als auch im Schulverband gut integriert.

Im zeitlichen Verlauf der Trennung ihrer Eltern, des Umzugs mit einem Wechsel des Stadtteils und der Schule veränderte sich Elizas Situation wie dargestellt. Sie fehlt nun wieder sehr häufig, ist teilweise übermüdet und unkonzentriert, besonders montags. Die anderen Kinder in ihrer Klasse sind zunehmend irritiert, da sie ablehnend und wenig interessiert an einem Kontakt erscheint, und ihre Bereitschaft, sich auf das aktuelle Thema Schullandheim einzulassen, sehr gering ist.

6.6 Pädagogische Diagnostik

6.6.1 Kollegialer Austausch

Auf Initiative von Frau W. findet ein Austausch mit zwei weiteren Lehrkräften statt, die beide regelmäßig mehrere Wochenstunden Unterricht in Elizas Klasse geben. Dieses kollegiale Fallgespräch soll klären, ob die beteiligten Lehrkräfte von besonderen Beobachtungen bezüglich Elizas Verhalten berichten. Dabei wird über Elizas Kontaktverhalten im Schulumfeld, ihre Mitarbeit im Unterricht, besondere Äußerungen, ihre emotionale Befindlichkeit in der morgendlichen Trennungssituation, die familiäre Situation und deren Veränderung und Belastungen sowie über ihre Fehlzeiten gesprochen. Es wird deutlich, dass Eliza in den vergangenen Wochen bereits mehrfach darum gebeten hat, nach Hause gehen zu dürfen. Die Kolleginnen und Kollegen beschreiben Eliza übereinstimmend als emotional belastet und unaufmerksam im Unterricht.

Die Frage wird diskutiert, ob in diesem Fall unmittelbar eine kinder- und jugendpsychotherapeutische Unterstützung empfohlen werden soll. Eine Kollegin äußert, dass es nicht die Aufgabe der Schule sein, hier aktiv zu werden und sie sich nicht qualifiziert fühle, im Sinne der Schülerin kompetent zu handeln. Das enge zeitliche Budget wurde ebenso thematisiert, dennoch entscheiden sie sich zur weiteren Klärung für ein Gespräch mit Eliza und deren Eltern. Ziel solle es sein, dass Eliza Gelegenheit bekommt zu berichten, wie es ihr in der neuen Klasse geht und inwiefern sie ggf. gerne schulische Unterstützung hätte. Gleichzeitig soll ihr angekündigt werden, dass ein Elterngespräch gemeinsam mit beiden Elternteilen angeboten wird. Das Kollegium bittet außerdem die an der Schule tätige Sozialpädagogin um Unterstützung.

6.6.2 Kontaktaufnahme mit der Schülerin

Die Klassenlehrerin Frau W. bittet Eliza in einer Frühstückspause auf ein kurzes Gespräch in den Besprechungsraum. In dieser ruhigen Atmosphäre versucht sie zunächst zu erfragen, wie es Eliza in ihrer neuen Klasse derzeit ergeht. Eliza bleibt allerdings sehr einsilbig, sagt, dass es ihr gut gehe und bittet darum, heute früher nach Hause gehen zu dürfen. Die Pädagogin beschreibt daraufhin Elizas Verhalten im Unterricht, benennt ihre häufigen Wünsche, nach Hause zu gehen, und sagt, dass sie vermutet, dass es ihr tatsächlich nicht immer gut gehe. Sie schlägt dann vor, dass sie beide Eltern bald zu einem Gespräch einladen möchte. Dies würde zwar bei allen neuen Schülerinnen und Schülern angeboten, für sie sei es aber besonders wichtig, damit man vielleicht ein paar Dinge ändern kann und es ihr danach besser gehe.

Eliza wirkt an diesem Punkt erleichtert und scheint es zu begrüßen, dass ihre Eltern eingeladen werden und ein Gespräch möglich wird. Auch die Lehrerin ist erleichtert, dass Eliza nach anfänglichem Zögern doch Interesse an einer Veränderung der Situation zeigt. Hinsichtlich des Elterngesprächs wägt Frau W. ab, ob Eliza besser dabei sein sollte oder nicht. Sie vermutet, dass in Elizas Fall Themen relevant sind, die sich auf die gemeinsame Verantwortung der Eltern beziehen und dass dies möglicherweise Konfliktpotenzial bietet. Da sie befürchtet, dass ein zielführendes Gespräch mit der ganzen Familie schwierig werden könnte, beschließt sie, Eliza diesmal nicht für das gemeinsame Gespräch einzuladen. Sie bittet die hinzugezogene Sozialpädagogin um Unterstützung in der Vorbereitung und Durchführung des Elterngesprächs und in der möglichst nachfolgenden Förderung für Eliza.

6.6.3 Erstgespräch mit den Eltern

In einer Planungssitzung von Frau W. und der Schulsozialarbeiterin werden die notwendigen Schritte koordiniert. Es sollen beide Eltern zu dem Gespräch eingeladen werden, da ein gemeinsames Handeln mit der ganzen Familie als besonders dringlich erachtet wird. Beide werden telefonisch erreicht, kurz über das Gespräch informiert und es wird ein Nachmittagstermin gefunden, der für alle Beteiligten passt. Anwesend sein werden beide Elternteile, die Klassenlehrerin und die Schulsozialpädagogin.

Vor dem Besprechungstermin warten die Eltern schweigend vor dem Besprechungsraum, werden begrüßt, treten ein und nehmen Platz. Nach einer kurzen Vorstellungsrunde, in der sich die beiden Pädagoginnen explizit dafür bedanken, dass sich beide – trotz der schwierigen familiären Situation – Zeit genommen haben, wird der Ablauf des Gesprächs geklärt: »*Wir würden Ihnen zunächst gerne kurz Elizas schulische Situation schildern, wie sie sich aktuell aus unserer Sicht darstellt. Dann würden wir gerne Ihre Einschätzung dazu bekommen und gemeinsam mit Ihnen sehen, wie wir verfahren.*« Nachdem die Eltern zustimmen, beschreiben die beiden im Dialog die morgendliche Trennungssituation, die Absentismusproblematik, das Verhalten Elizas im Unterricht und ihr Bedürfnis nach Hause zu gehen. Sie erwähnen die bevorstehende Klassenfahrt und betonen ihr Interesse, Eliza im Schulumfeld zu unterstützen, damit sie in dieser schwierigen Übergangsphase besser zurechtkommt.

Auf die Frage, wie sie als Eltern dies einschätzen, erwidert die Mutter, dass sie Eliza, wenn es ihr sehr schlecht geht – und das sei oft –, nicht in die Schule geben will. Sie leide sehr unter der Situation, dem Umzug, der neuen Schule und dass ihr Vater nicht mehr da sei. Sie (Eliza) habe genug gelitten, sodass sie nicht wolle, dass sie »auch in der Schule leidet«. Elizas Vater, der bis zu diesem Zeitpunkt schweigt, bestätigt, dass es seiner Tochter schlecht gehe. Es folgt ein Streitgespräch zwischen den beiden getrennten Elternteilen. Nach etwa einer Minute äußert die Schulsozialpädagogin, dass eine Klärung offener Fragen zwischen den beiden enorm wichtig wäre. Hier sei aber nicht der richtige Ort dafür. Sie bietet den Eltern an, ihnen die Kontaktdaten einer ihr gut bekannten Beratungsstelle zu geben. Sie betont zudem, wie immens wichtig es für Eliza ist, dass sie als Eltern koordiniert handeln und einen Weg finden, trotz Trennung gemeinsam Eltern zu bleiben. Das sei außerdem, so denke sie, ihre gemeinsame Verantwortung. Die Eltern stimmen ad hoc zu, sich im Anschluss an dieses Gespräch um eine Möglichkeit zur Besprechung wichtiger Fragen bezüglich ihrer gemeinsamen Elternschaft zu bemühen. (*Anmerkung: Diese Bereitschaft der Eltern ist keineswegs die Regel. Falls sich dauerhaft abzeichnet, dass das Persistieren der Symptome und die familiären Konflikte in Verbindung stehen, sollte geprüft werden, ob hierdurch möglicherweise eine Gefährdung des Kindeswohls besteht*).

Die beiden Pädagoginnen kündigen an, dass sie Eliza gerne ein Angebot machen würden, um die dargestellten Schwierigkeiten zu reduzieren. Sie betonen, dass dies nur Erfolg haben wird, wenn die Eltern dies aufrichtig unterstützen und wenn beide mitarbeiten. Worin dieses Angebot besteht, solle aber in einem zweiten Elterngespräch erörtert werden. Zunächst sei es wichtig, dass die Eltern ihre gemeinsame Elternschaft organisieren. Es wird unmittelbar ein Termin für das kommende schulische Elterngespräch vereinbart. Um den individuellen Erfolg der nachfolgenden Intervention zu evaluieren, werden die Eltern gebeten, anhand einer Anleitung getrennt voneinander eine Zielerreichungsskala auszufüllen (▶ Kap. 5.8: Begleitende Evaluation).

Im Nachklang des Gesprächs wird von Frau W. ein kurzes Protokoll zum Verlauf und den Ergebnissen angefertigt.

6.6.4 Verhaltensanalyse (SORCK-Schema)

Als Grundlage für die pädagogische Maßnahme für Eliza und das kommende Elterngespräch wird eine Verhaltensanalyse für die Situation durchgeführt (▶ Kap. 5.1 Pädagogische Diagnostik), in der Eliza und ihre Mutter entscheiden, dass sie zu Hause bleiben soll. Um den Aufwand hierzu möglichst gering zu halten, entschließen sich die beteiligten Pädagoginnen dazu, sich auf die eigenen Beobachtungen und vorhandene Informationen zu beziehen und dies ggf. im Kollegium zu ergänzen.

Hierbei wird analysiert, welche kurz- und langfristigen, positiven und negativen Konsequenzen auf das Verhalten in dieser Situation folgen.

In der Entwicklung dieser Verhaltensanalyse werden Informationen gebündelt dargestellt. So hat die Schulvermeidung für Eliza und ihre Eltern möglicherweise kurzfristig diese positiven Konsequenzen:

- Reduktion der Angst vor der bevorstehenden Trennung (Eliza/Mutter)
- Reduktion der Angst vor der befürchteten Angst um die Mutter (Eliza)
- Reduktion der Angst, Eliza könnte es schlecht gehen (Mutter)
- Reduktion der Angst davor, ins Grübeln zu verfallen (Mutter)

Die genannten Aspekte werden später im Kontext der psychoedukativen Gespräche mit Eliza und ihren Eltern gezielt aufgegriffen.

Tab. 5: Verhaltensanalyse nach dem SORCK-Modell: Eliza leidet und möchte nicht in die Schule gehen

S₁: Stimulus₁	O: Organismus	R₁: Reaktion₁ = Stimulus₂	C: Konsequenz		K: Kontingenz
Zu Hause bei Mama	Wenig soziale Kontakte	Angst, dass Mama etwas »passiert«	Kurzfristig	Langfristig	Intermittierend, Entspannung tritt aber immer und unmittelbar ein
Bevorstehende Trennung	Akute Belastung	Weint und schreit	+ »Darf« zu Hause bleiben		
Bevorstehende Unsicherheit in der Schule	Tendenz zur Trennungsangst	Will nicht in die Schule gehen	Entspannung		
Mutter wirkt belastet		Innere Anspannung	Angst reduziert sich		
			Schlimme Gedanken sind weg		
			−	Wenig Sozialkontakte	
				Vermeidungshandeln wird gelernt	

Eine weitergehende therapeutische Bearbeitung würde dann empfohlen, falls die genannten Punkte trotz Beratung bzw. Förderung unverändert weiterhin bestehen.

6.5 Planung der pädagogischen Intervention

Auf der Basis der vorliegenden Informationen werden nachfolgend die Förderziele festgehalten, die nach dem kollegialen Austausch und dem ersten Elterngespräch in der pädagogischen Intervention berücksichtigt werden sollen:
Förderziel 1: Reduktion der Belastung innerhalb der Familie (günstiges vs. ungünstiges Verhalten; dysfunktionale Kognitionen; Koordiniertes Handeln der Eltern)
Methode: Überweisung an eine externe Institution; Psychoedukation für die Eltern; gemeinsame Betrachtung des SORCK-Schemas
Evaluation: Erreichung individueller Ziele, Reduktion des schulvermeidenden Verhaltens, Kooperation der Eltern (soll im Rahmen eines abschließenden Austauschs erfolgen)
Förderziel 2: Reduktion des Sicherheits- und Vermeidungsverhaltens von Eliza
Methode: Psychoedukation für Eliza; Angsthierarchie; unterstützende Strategien (kognitiv, Entspannung, Verstärkung) und sukzessive Konfrontation in der Schule und zu Hause
Evaluation: Rückmeldung des Kollegiums; Wohlbefinden (Gespräch mit Schülerin); schriftliches Feedback

Als notwendige Voraussetzung wird das koordinierte Handeln des beteiligten Kollegiums benannt. Insbesondere das Sicherheits- und Vermeidungshandeln darf nicht durch eine versehentliche Verstärkung befördert werden, indem hierfür beispielsweise viel Aufmerksamkeit gegeben wird.

6.6 Pädagogische Intervention

Zunächst wird im beteiligten Kollegium Transparenz bezüglich der geplanten Interventionen geschaffen. In einem mündlichen Austausch wird das bevorstehende zweite Elterngespräch, die Psychoedukation für Eliza und die schrittweise Exposition dargestellt. Anhand der Verhaltensanalyse wird deutlich, worin das Sicherheits- und Vermeidungshandeln besteht und dass beides keinesfalls weiter unterstützt werden soll.

6.6.1 Beratungsgespräch mit den Eltern

Das zweite Gespräch mit den Eltern findet wie geplant statt, der intendierte Ablauf des Gesprächs wird kurz skizziert, dann fragen die Gesprächsleiterinnen die Eltern, wie es ihnen derzeit ergehe. Die Eltern berichten von einer bevorstehenden Trennungsberatung an einer regionalen Beratungsstelle. Dass beide bestätigen, sich hier in Elizas Interesse für sinnvolle Regelungen stark machen zu wollen, ist ein guter Anknüpfungspunkt für die Pädagoginnen: Sie betonen, es sei eine Voraussetzung für den Erfolg, dass beide Eltern sich kooperativ verhalten. Dabei geht es darum, sich intensiv darum zu bemühen, dort, wo sich ungünstiges Verhalten zeigt, eine Veränderung anzustreben.

Beide Eltern haben eine Zielerreichungsskala bearbeitet und mitgebracht. Die Ziele werden gegenübergestellt, um zu sehen, wo mögliche Unterschiede und Gemeinsamkeiten zwischen den beiden bestehen.

Die Eltern stimmen zu, dass es hier zunächst einmal viele Übereinstimmungen in den Zielen gibt. Gleichzeitig gibt es kein Ziel, das den Vorstellungen des jeweils anderen so widerspricht, dass eine Kooperation dadurch beeinträchtigt würde.

Tab. 6a: Ziele von Elizas Eltern

Mutter			
Ziel 1	Dass Eliza wieder gerne in die Schule geht.	3	Geht gerne, wie früher; interessiert sich für das Lernen; hat Schulfreunde
		2	Geht alleine in die Schule; fängt an, sich für ihre Fächer zu interessieren; hat eine Freundin
		1	Kann mit Unterstützung in die Schule gehen; denkt weniger an irgendwelche Unglücke; kennt den ein oder anderen
		0	Abschiedsschmerz; will oft nach Hause; will mich anrufen; fühlt sich nicht wohl in der Schule
		-1	Alles noch schwerer: der Abschied, das Aushalten der Schule, der Kontakt zu Mitschülern
Ziel 2	Dass Eliza sich auf uns als Eltern verlassen kann.	3	Wir halten trotz Trennung zusammen
		2	Wir unterstützen, uns wenn nötig
		1	Wir sprechen uns ab; wir tauschen uns über Eliza aus
		0	Merkt, dass wir nicht miteinander sprechen; wir halten nicht für Eliza zusammen; unseren Streit bekommt Eliza ab
		-1	Wenn wir nicht mal mehr ein Elterngespräch in der Schule führen; wenn die Beratung nicht klappt

Vater			
Ziel 1	Erreicht, wenn es Eliza besser geht	3	Sie hält die Abschiede am Wochenende gut aus
		2	Sie kann problemlos alleine in die Schule gehen
		1	Sie kann das Wochenende ohne schlechtes Gefühl genießen
		0	Eliza leidet: zu Hause, wenn sie bei mir ist, in der Schule; bei Abschieden

	Vater		
		-1	Sie macht nichts mehr: bleibt immer zu Hause aus Angst: Therapie
Ziel 2	Der Alltag sollte klappen. Klare Absprachen, die wir beide einhalten.	3	Wir sprechen uns ab und halten uns daran
		2	Wir sprechen miteinander und hören zu
		1	Wir sind uns einig, dass wir etwas ändern müssen (vielleicht schon erreicht?)
		0	Ich weiß vieles nicht: Schule, wie geht es ihr, was wäre wichtig am Wochenende
		-1	Wir sprechen nicht mehr, nur noch mit Anwalt

Im nächsten Schritt wird den Eltern eine vorbereitete, kurze, überblickhafte Beschreibung zu Trennungsängsten gegeben (▶ Kap. 5.2 Psychoedukation). In dieser Psychoedukation werden Merkmale und Entstehungsbedingungen von Trennungsängsten beschrieben, die Wirksamkeit des Elternhandelns thematisiert, häufige dysfunktionale Kognitionen von Kindern und Eltern dargestellt und günstiges bzw. ungünstiges Elternverhalten kontrastiert. Dabei entfaltet sich ein Dialog zwischen der Mutter und den Pädagoginnen in Auswertung des SORCK-Modells. Die Eltern beschließen, über einige Themen, wie z. B. eigene Schuldgefühle, Angst, dass Eliza Schaden nehmen könnte, im Rahmen ihrer Beratung zu sprechen.

Nachdem die Nachfragen der Eltern beantwortet wurden, wird die geplante Vorgehensweise vorgestellt. Die Eltern werden dabei gebeten, der Intervention zuzustimmen und sie in den kommenden Wochen zu unterstützen. Hierzu gehört, dass sie ihre Tochter beim Lernen und Durchführen eines Entspannungstrainings zu Hause begleiten (▶ Kap. 5.4: Entspannung). Das Entspannungstraining und dessen Zielsetzung werden erläutert, die Eltern erhalten eine Zusammenfassung und erfahren, wie sie das Programm erwerben können. Sie werden beide bestärkt mit Alltagssituationen, die eine Trennung beinhalten, künftig bewusst anders umzugehen. Wesentlich sind diese Punkte:

- Es sollten im Vorfeld einer Trennung positive Perspektiven fokussiert werden: z. B. durch Hervorheben der schönen Anteile wie »das wird spannend«, »da sind sicher nette Kinder«. Elizas Mutter wird gebeten, ihr vor einem Abschied deutlich zu signalisieren, dass es ihr gut geht, und zu erklären, wie sie die Zeit verbringen wird.
- Vermeidungsverhalten soll nicht mehr unterstützt werden, d. h. Eliza geht prinzipiell zur Schule und nicht früher nach Hause; Trennungen werden nicht vermieden, sondern positiv vorbereitet und erleichtert (▶ Kap. 5.7: Kontingenzmanagement).
- Positive Selbstinstruktionen sollen als Strategien geübt und modelliert werden (▶ Kap. 5.5: Bewältigung dysfunktionaler Gedanken); anhand von Situationen werden Beispielsätze formuliert wie »du schaffst das ganz sicher«, »wenn du Heimweh hast, kannst du folgendes tun …«.
- Wenn Eliza sich angestrengt hat (sich z. B. auf das Entspannungstraining eingelassen hat oder eine positive Selbstinstruktion praktiziert hat), erhält sie eine Belohnung (▶ Kap. 5.7: Kontingenzmanagement). Worin attraktive Verstärkungen bestehen, muss noch mit Eliza in Ruhe besprochen werden.

Es werden keine weiteren Termine vereinbart, da zunächst die Wirksamkeit der geplanten Intervention abgewartet werden soll. Elizas Eltern erklären sich bereit, an einer telefonischen Nachbesprechung teilzunehmen.

6.6.2 Beratungsgespräch mit Eliza

Mit Eliza findet ein zweites Gespräch statt, in dem sie altersgerechte Informationen zu Ängsten bei Kindern, deren Häufigkeit und Möglichkeiten zu deren Reduktion vermittelt bekommt (▶ Kap. 5.2

Psychoedukation). Sie hat dazu sehr viele Fragen und ist sichtbar erleichtert darüber, dass auch andere Kinder und sogar viele Erwachsene Ängste kennen. Es erleichtert sie, dass es eine Bezeichnung dafür und dass es Wege gibt, wie man die schwierigen Situationen abmildern und ihre schlechten Gefühle ändern kann. Sie wird über die Möglichkeiten zur gezielten Anwendung von Unterstützungsstrategien informiert und darüber, dass sie mit Hilfe einer Entspannung und von »Mutmachsätzen« üben wird, wie vieles besser klappen könnte. Deswegen stimmt sie zu, dass sie in der nächsten Zeit mit der Unterstützung ihrer Lehrerin und ihrer Eltern lernt, Trennungsmomente besser zu bewältigen.

6.6.3 Konfrontation mit Unterstützung

Die Schulsozialarbeiterin trifft sich mit Eliza, um mit ihr eine persönliche Angsthierarchie zu erstellen (▶ Kap. 5.1 Pädagogische Diagnostik) und verwendet hierfür ein Angstthermometer (s. Tabelle 6).

Tab. 6b: Elizas Angsthierarchie mit Angstthermometer

Stufe	Skalenpunkt		Beispiel
5	viel zu heiß	nicht auszuhalten	Teilnahme an der Klassenfahrt
4	heiß	sehr schwierig	In der Pause herumstehen, weil ich alleine bin
3	sehr warm	schwierig	Abschied montags vor der Schule
2	warm	etwas schwieriger	Wenn ich müde bin in der Schule
1	lauwarm	kribbelig	Im Unterricht, wenn es mir Spaß macht
0	kühl	kein Problem	Zu Hause

6.6 Pädagogische Intervention

Es wird deutlich, dass das Wochenende und die wechselnde Trennung von den Eltern eine große Belastung auch an den nachfolgenden Tagen darstellen. Ebenso schwierig scheint es zu sein, wenn Eliza eine zusätzliche Belastung bewältigen muss, wie beispielsweise Müdigkeit, oder das Alleinsein in der Pause. Eine für Eliza derzeit völlig undenkbare Vorstellung ist es, an der Klassenfahrt teilzunehmen. Sie begründet damit auch, dass sie absolut kein Interesse an den vorbereitenden Gruppenarbeiten hat. Durch die mittlerweile fehlende Involvierung in die Themengruppen entsteht eine weitere Hürde für die Klassenfahrt.

Das allmähliche Erreichen einzelner Meilensteine soll durch eine zusätzliche Unterstützung erleichtert werden, die später Schritt für Schritt ausgeblendet werden soll. So werden durch ein temporäres Pausenangebot Gruppenspiele initiiert, die eine Teilnahme Elizas und eine Kontaktaufnahme mit ihren Mitschülerinnen und Mitschülern erleichtern. (*Anmerkung: Im SORCK-Schema würde auf diese Weise der Kontext S modifiziert, indem die Situation pädagogisch gestaltet und das Verhalten R (Bedürfnis nach Hause zu gehen) sich reduzieren sollte.* Die durch die Einschlafprobleme entstehende Müdigkeit tagsüber soll durch die mit den Eltern vereinbarten Unterstützungselemente allmählich gemildert werden.

Da vermutet wird, dass eine erfolgreiche Integration in die neue Klasse Elizas Wohlbefinden und damit auch die Tendenz zur Schulvermeidung zu reduzieren hilft, werden die beteiligten Personen aus dem Kollegium gebeten, wann immer möglich auf eine pädagogisch sinnvolle Gruppenzusammensetzung zu achten. Eliza soll in verschiedenen Fächern (u. a. Sport, Geschichte, Deutsch) Gelegenheit bekommen, mit Kindern aus ihrer Klasse positiv in Kontakt zu treten, ohne dass bereits bestehende Gruppierungen dies verhindern. Im Rahmen dieser Anreicherung des Unterrichts werden gezielt Themenschwerpunkte gewählt, die Elizas Interessensspektren abdecken. Eine Mitarbeit soll auf diese Weise per se verstärkend wirken: Konkret wird die Klassenfahrt um zwei Projekte erweitert: Es werden Steckbriefe aller Kinder gestaltet und dabei wird eine Online-Plattform für die Klassenfahrt konzipiert,

in der eine Dokumentation mit Fotos, Berichten und Cartoons erfolgt.
Die durchgeführten Interventionen im Überblick (Zeitraum ca. 10 Wochen):

- *Eltern:* Psychoedukation; Trennungsberatung (extern); Umsetzung der vereinbarten Prinzipien im Umgang mit Trennungssituationen
- *Schüler:* Psychoedukation
- *Unterricht:* Anreicherung des Unterrichts; Koordination des pädagogischen Handelns im Kollegium; Gestaltung der Pausensituation

6.7 Erfolgskontrolle bzw. Evaluation

Die Frage der Effektivität der dargestellten Vorgehensweise, um die Ziele

- Reduktion der Belastung innerhalb der Familie (ungünstiges vs. ungünstiges Verhalten; dysfunktionale Kognitionen; Koordiniertes Handeln der Eltern) und
- Reduktion des Sicherheits- und Vermeidungsverhaltens

von Eliza zu erreichen, wird beantwortet, indem die Eltern schriftlich entlang ihrer individuellen Zielerreichungsskala befragt werden, inwiefern ihre Ziele tatsächlich erreicht worden sind. Ein vorher zugesagtes Telefonat wird genutzt, um die persönliche Einschätzung der Eltern zu erfragen, ob die vereinbarten Absprachen (Entspannungstraining, externe Beratung und positiver Umgang mit Trennungssituationen) als erfolgreich eingeschätzt werden. Hier soll insbesondere die Reduktion der Fehlzeiten und die Zunahme der elterlichen Kooperationsbereitschaft im Fokus stehen.

6.7 Erfolgskontrolle bzw. Evaluation

Ein kollegiales Gespräch wird durchgeführt, um die anfangs aufgeworfene Frage zu beantworten, ob die Veränderungen den Aufwand der realisierten Maßnahmen rechtfertigen. Auch die Umsetzbarkeit und Wirksamkeit der Bemühungen zur Anreichung des Unterrichts und der Pausen wird hier besprochen sowie die wahrgenommene Motivation Elizas zur Teilnahme an gemeinschaftlichen Aktivitäten im Unterricht, in den Pausen und bezüglich der bevorstehenden Klassenfahrt. Frau W. stellt ihre Beobachtungen zum Verhalten Elizas (Pausenhof) und deren Wohlbefinden im Klassenkontext vor. Das Gespräch wird kurz protokolliert, um ggf. gegenüber den Eltern einen Einblick geben zu können.

Eliza wird ein wöchentliches Monitoring angeboten, bei dem ein kurzes schriftliches Feedback erfolgt mit dem Ziel zu sehen, ob die Maßnahmen erfolgreich sind. Dieses Feedback erfolgt zunächst an vier aufeinanderfolgenden Wochen entlang der im Angstthermometer dargelegten Problemfelder.

7

Fallvignette Lara

7.1 Ausgangslage

In der 7. Klasse der Emil-Nolde-Gemeinschaftsschule herrscht vor der ersten Unterrichtsstunde im Klassenzimmer ein reger Austausch unter den Schülerinnen und Schülern. Eine Gruppe von Jungen unterhält sich lauthals über ein Fußballspiel; neben ihnen sitzen kichernd einige andere und amüsieren sich über ein Video; in der letzten Reihe stecken drei Mädchen die Köpfe zusammen und unterhalten sich leise; überall haben sich weitere kleine Grüppchen gefunden. Sie nutzen die Zeit vor dem Unterrichtsbeginn, um sich noch kurz zu unterhalten. Eine Schülerin fehlt aber noch: Als es zur ersten Stunde klingelt, betritt Lara das Klassenzimmer, legt rasch Jacke und Schultasche ab und setzt sich auf ihren Platz in der dritten Reihe. Ihr Blick ist nach unten gerichtet, sie grüßt nicht und wird auch von den anderen kaum beachtet. Unmittelbar nach Lara kommt auch Klassenlehrerin Frau C. in den Raum und beginnt mit dem Unterricht. Lara verhält sich im Unterricht sehr ruhig, beteiligt sich so gut wie gar nicht und wirkt sehr unsicher und angespannt, wenn die Lehrerin sie aufruft. Sie spricht leise, wendet ihren Blick sofort ab und sinkt in sich zusammen. Nahezu zeitgleich mit dem Pausenklingeln verlässt Lara sehr schnell das Klassenzimmer und ist erst zu Beginn der zweiten Stunde wieder anwesend. In den letzten Wochen kommt es vermehrt vor, dass Lara gar nicht zur Schule kommt.

7.2 Fragestellung

Frau C. nimmt wahr, dass sich Lara in den letzten Monaten stark zurückgezogen hat: Im Unterricht beteiligt sie sich so gut wie gar nicht mehr; auch wenn sie direkt angesprochen wird, sind nur kurze Äußerungen zu vernehmen. Auffällig findet Frau C. vor allem, dass Lara dabei sehr unsicher und angespannt wirkt, als spüre sie einen hohen Druck. Auch außerhalb des Unterrichts scheint sich Lara unwohl in der Klassengemeinschaft zu fühlen und kaum Anschluss zu finden. Frau C. entschließt sich dazu, Rücksprache mit zwei beteiligten Kolleginnen aus den Fächern Englisch und Mathematik zu halten. Die Kolleginnen schildern ihr einen ähnlichen Eindruck und beschreiben Lara als extrem schüchternes und zurückgezogenes Mädchen. Nachdem auch die Sportlehrerin Frau C. anspricht, weil Lara die letzten drei Sportstunden unentschuldigt gefehlt hat, beschließt Frau C., Lara zu einem Gespräch einzuladen. Ihr Ziel ist es, Laras Situation zu klären, ihr Befinden zu verstehen und mit den Eltern ein Treffen zu vereinbaren.

7.3 Informationen zur Person

Lara ist 13;6 Jahre alt und wohnt mit ihrer Mutter in einer ländlichen Gegend in einem Einfamilienhaus. Sie besucht die 7. Klasse einer Gemeinschaftsschule, die ca. 8 km vom Wohnort entfernt ist. In der Klasse hat sie wenig Kontakt zu ihren Mitschülerinnen und Mitschülern, obwohl sie sich wünscht, Freundinnen und Freunde zu finden. Sie strengt sich in Kontaktsituationen sehr an, indem sie genau darauf achtet, alles richtig zu machen, hat aber große Angst, dass ihr etwas Peinliches passiert oder sie sich komisch verhält. Mittlerweile ist Lara in der Gegenwart Anderer sehr angespannt. Die Angst, negativ aufzufallen oder sogar ausgelacht zu werden, belastet sie sehr. Daher zieht sie sich zunehmend zurück und meidet Situationen, in denen andere sie ansprechen oder in denen sie selbst im Mittelpunkt steht. Schlimm findet sie beispielsweise die Busfahrt morgens zur Schule, wenn sie auf einige ihrer Mitschülerinnen und Mitschüler trifft. Sie setzt sich meist direkt auf den ersten freien Platz am Fenster, schaut hinaus oder gibt vor, im Bus noch Hausaufgaben machen zu müssen. Der Gedanke, dass die anderen sie ansprechen könnten, macht sie unruhig, und sie hofft, dass ihr keine Fragen gestellt werden. Immer wieder verpasst sie aufgrund der unangenehmen Busfahrten bewusst den Schulbus und muss dann von ihrer Mutter gefahren werden. Wenn sie im Unterricht aufgerufen wird, spricht sie leise und schnell und hält den Blick nach unten gesenkt. Gleichzeitig schämt sie sich für dieses Verhalten. Sie spürt regelrecht, wie sie errötet und befürchtet, die anderen könnten es bemerken. Gedanken wie »Kein Wunder, dass die anderen mich komisch finden« und »Ich bin so peinlich« schießen ihr durch den Kopf. Am liebsten würde sie verschwinden.

An den Nachmittagen verbringt Lara die meiste Zeit zu Hause. Sie liest viel und hat auch angefangen, selbst Geschichten zu schreiben. Darüber spricht sie ungern, und sie hat auch noch keine ihrer Geschichten jemandem gezeigt oder vorgelesen. Ansonsten kümmert sie sich viel um ihre drei Hamster, für die sie in ihrem Zimmer ein großes Gehege aufgestellt hat, das sie immer wieder umgestaltet, um den Tieren Abwechslung zu bieten. Oft sitzt sie auch einfach nur da und schaut zu, wie die Hamster im Heu wühlen, mit schnellen kleinen Bewegungen das Futter kauen oder sich in einer ihrer Höhlen verstecken. Manchmal wünscht sich Lara, auch so ein Versteck zu haben, in das sie sich zurückziehen und in dem sie nicht entdeckt werden könnte. Dann könnte sie zur Ruhe kommen, und alles wäre leichter: Sie müsste nicht darauf aufpassen, was und wie sie etwas sagt oder was die anderen von ihr denken. Allein der Gedanke an ihre Mitschülerinnen und Mitschüler erzeugt mittlerweile eine Anspannung bei Lara, die zunehmend zur Belastung wird und sie stark beeinträchtigt.

7.4 Familiäre Situation

Laras Mutter ist 32 Jahre alt und arbeitet als Bürokauffrau in einem Versicherungsunternehmen. Laras Vater ist 29 Jahre alt; zu ihm haben weder Lara noch ihre Mutter Kontakt. Laras Eltern waren vor ihrer Geburt ca. zwei Jahre lang liiert. Während der Schwangerschaft trennten sie sich. Nach Auskunft der Mutter habe sich Laras Vater nie vorstellen können, ein Kind zu haben; er sei mit der Situation überfordert gewesen und habe sich schließlich von ihr getrennt. Sie selbst hingegen habe immer davon geträumt, Mutter zu sein. Die Schwangerschaft war emotional jedoch nicht einfach für sie. Die Trennung ihres Partners machte ihr zu schaffen, und in Anbetracht der anstehenden Geburt hatte sie kaum die Möglichkeit, diese richtig zu verarbeiten. Hinzu kamen Sorgen, etwas falsch zu machen und der neuen Situation allein nicht gewachsen zu sein. Kurz nach der Geburt ist sie mit Lara aus ihrer Wohnung in der nächstgelegenen Großstadt in ihr Elternhaus auf dem Land gezogen: Ihre Eltern lebten ebenfalls getrennt, und Laras Großmutter, die im Haus wohnen geblieben war, zog in die obere Etage, während das Erdgeschoss in eine Vier-Zimmer-Wohnung umgebaut wurde. Die Kontakte zu alten Freundinnen und Freunden aus der Stadt wurden aufgrund der langen Wege weniger. Da Laras Mutter nach einem Dreivierteljahr ihren Beruf wieder aufnahm – Laras Großmutter übernahm in dieser Zeit die Betreuung ihrer Enkeltochter –, war sie im Alltag mehr als ausgelastet und fühlte sich insgesamt oft müde und antriebslos. Lara ist aber ihr Ein und Alles. Sie genießt die enge Beziehung zu ihr und versucht seit jeher, sie vor allen potenziell negativen Einflüssen zu beschützen, was mitunter zu übervorsichtigem Kontrollverhalten führt. Dass Lara ungern zur Schule geht, hat ihre Mutter seit einigen Wochen erkannt. Sie macht sich große Sorgen, dass Laras Leistungen darunter leiden könnten und dass sie vielleicht keine Freundinnen und Freunde findet. Sie versucht, ihre Tochter aufzumuntern, indem sie sich selbst als Laras beste Freundin bezeichnet und behauptet, sie bräuchten niemand anderes. Wenn Lara morgens nicht zur Schule gehen möchte, tröstet ihre Mutter sie und kommt ihr entgegen, indem sie sie zur Schule fährt; vereinzelt hat sie auch schon in der Schule angerufen und gesagt, Lara sei krank, obwohl das gar nicht zutraf.

7.5 Schulische Situation

Laras Grundschulzeit verlief ohne größere Probleme. Sie galt als stille und zurückhaltende Schülerin, wirkte aber interessiert, erledigte zuverlässig ihre Hausaufgaben und schnitt bei schriftlichen Arbeiten gut ab. Die mangelnde Beteiligung im Unterricht wurde in den Zeugnissen zwar stets thematisiert; aufgrund guter schriftlicher Leistungen fiel sie aber nicht so sehr ins Gewicht und wurde von Laras Mutter nicht sonderlich ernst genommen. Die Zurückhaltung an Wortbeiträgen kann rückblickend als ein erstes Anzeichen für soziale Unsicherheit betrachtet werden, dem nicht genügend Aufmerksamkeit geschenkt wurde. Am Ende der Grundschule erhielt Lara eine Gymnasialempfehlung. Ihre Mutter entschied sich dennoch für die Gemeinschaftsschule im Nachbarort; im Hintergrund stand dabei vor allem die Befürchtung, der deutlich weitere Schulweg in die Stadt könnte Lara überfordern.

In der weiterführenden Schule traten Laras Schwierigkeiten im sozialen Kontakt relativ schnell hervor: Sie konnte so gut wie keine Kontakte zu ihren Mitschülerinnen und Mitschülern knüpfen. Von sich bildenden Freundschaften und Cliquen blieb sie ausgeschlossen und wirkte in der Klasse isoliert. So hat sie begonnen, Mitschülerinnen und Mitschülern aus dem Weg zu gehen. Mittlerweile zieht sie sich extrem zurück und meidet jeden Kontakt, der über den Unterricht hinausgeht. Nach der Schulstunde versucht sie, im Getümmel unsichtbar zu bleiben und schnell den Klassenraum zu verlassen. Auf dem Schulparkplatz hat sie eine Ecke gefunden, die in den Pausen immer ziemlich verlassen ist. Hier steht sie oft und geht erst wieder mit dem Klingeln in den Klassenraum, um den Kontakt mit den Mitschülerinnen und Mitschülern zu vermeiden.

Wenn sie im Unterricht etwas sagen soll, wirkt sie sehr angespannt. Von sich aus beteiligt sie sich mittlerweile gar nicht mehr am Unterrichtsgeschehen. Wird sie direkt angesprochen, spricht sie leise und gibt nur kurze Antworten, wobei sie meist nach unten auf ihr Heft schaut. Ihre schulischen Leistungen sind auch abseits mündlicher Beteiligungen abgefallen: Hausaufgaben sind oft knapp und fehlen in letzter Zeit häufiger auch komplett. Hinzu kommen z.T. unentschuldigte Fehlzeiten, durch die Wissenslücken entstehen, was sich mittlerweile auch in schriftlichen Arbeiten niederschlägt.

7.6 Pädagogische Diagnostik und Förderplanung

7.6.1 Kollegialer Austausch

Die Klassenlehrerin Frau C. verabredet sich zu einem informellen pädagogischen Gespräch mit mehreren Kolleginnen und Kollegen. Ziel des Gesprächs ist es, Laras auffälliges Verhalten in verschiedenen Fächern zu vergleichen und das weitere Vorgehen zu besprechen. Die Kolleginnen und Kollegen charakterisieren Laras Verhalten übereinstimmend als besonders zurückhaltend und in sich gekehrt. Dabei wird deutlich, dass Lara vor allem in Situationen belastet wirkt, in denen sie mit oder zu anderen sprechen muss. Inbegriffen sind dabei sowohl informelle soziale Situationen im Schulalltag (z. B. das Miteinander im Klassenraum vor Unterrichtsbeginn) als auch wiederkehrende Unterrichtssituationen (z. B. Wortbeiträge oder Vorlesen). Laras Verhalten in solchen Situationen wird von den Kolleginnen und Kollegen als angespannt beschrieben, sie wirkt »kurz angebunden«, spricht sehr leise und versucht generell, solche Situationen zu vermeiden. Angst vor schriftlichen Prüfungen scheint sie dagegen weniger zu haben.

Frau C. möchte Lara gern zu einem Gespräch einladen, ist sich jedoch über die Zuständigkeit nicht sicher und äußert auch Bedenken, der Situation möglicherweise nicht gewachsen zu sein. Die Kolleginnen und Kollegen beraten darüber und verständigen sich darauf, dass Frau C. in Absprache mit der Schulleitung sich beim schulpsychologischen Dienst Rat holt. Nachdem sich Frau C. dort am nächsten Tag telefonisch erkundigt hat und sich herausstellt, dass der schulpsychologische Dienst zurzeit mehr als ausgelastet ist und eine kurzfristige Beratung nicht leisten kann, beraten die Kolleginnen und Kollegen erneut und vereinbaren, dass Frau C. in diesem Fall in Absprache mit dem Sonderpädagogen der Schule und in Kooperation mit dem Kollegium selbst eine pädagogische

Unterstützung nach ihren Möglichkeiten anbietet. Frau C. tauscht sich im Anschluss noch einmal mit der Schulleitung aus und lädt Lara am nächsten Tag zu einem Gespräch ein.

7.6.2 Erstgespräch mit der Schülerin

Frau C. bittet Lara nach dem Unterricht zu einem kurzen Gespräch im Klassenraum. Sie bedankt sich, dass Lara zu diesem Gespräch bereit ist, und betont zunächst, wie wichtig es ihr ist, dass es ihren Schülerinnen und Schülern gut gehe und dass sie sich heute gern darüber mit Lara unterhalten wolle. Sie räumt ein, dass sie solche Gespräche mit ihren Schülerinnen und Schülern eigentlich viel zu selten führe, dass sie es aber wichtig findet, nicht nur über, sondern vor allem auch mit ihnen zu reden.

Auf die Frage hin, wie es Lara im Moment ergehe, wendet diese ihren Blick leicht nach unten und murmelt nach einigen Sekunden: »Hm. Alles ok.« Um die Situation etwas zu entspannen, lenkt Frau C. das Gespräch zunächst auf Laras Privatleben. Da sie von ihren Haustieren weiß, fragt sie nach ihnen. Lara berichtet kurz und knapp von ihren Hamstern und schaut dabei vereinzelt auf. Als Frau C. das Gespräch anschließend wieder auf die Schule lenkt, ist Laras Blick wieder nach unten gesenkt. Frau C. ergreift daraufhin selbst die Initiative: »*Ich möchte dir ein paar Beobachtungen beschreiben, ja?*« Nach Laras zustimmendem Kopfnicken berichtet Frau C. von ihren Beobachtungen, dass Lara oft sehr angespannt wirkt, kaum etwas sagt und wenn sie aufgerufen wird sehr leise und zögerlich spricht und nach dem Klingeln schnell aus dem Klassenzimmer verschwindet. Sie erzählt auch, dass bereits andere Kolleginnen und Kollegen sie auf Laras unentschuldigte Fehlzeiten angesprochen haben. Schließlich äußert Frau C. ihre Vermutung, dass es Lara nicht so gut gehe, weshalb sie heute das Gespräch gesucht habe. Nachdem Lara still bleibt und Frau C. sie nicht bedrängen möchte, räumt sie ihre Unsicherheit offen ein, betont aber noch einmal, dass es ihr am Herzen liege, dass es Lara gut gehe und dass sie daran gern mit ihr zusammenarbeiten würde. »*Wir müssen heute noch nichts weiter machen, aber liege ich denn richtig mit meinen Beobachtungen?*« Lara nickt schweigend, woraufhin Frau C. vorschlägt, sich einmal mit Lara, ihrer Mutter und einem Kollegen (Sonderpädagoge) an der Schule zu treffen, um gemeinsam Ideen zu sammeln, wie sie weiter vorgehen können, um Lara zu unterstützen. Lara ist einverstanden. Abschließend gibt Frau C. Lara einen Bogen mit einigen Fragen, die sie bereits mit dem Sonderpädagogen vorbereitet hat, und bittet sie, diesen zu Hause auszufüllen und ihr anschließend wieder mitzugeben. Der Kurzfragebogen besteht aus Beschreibungen verschiedener sozialer Situationen im schulischen Umfeld, zu denen Lara ihre Gedanken notieren soll (siehe Tabelle 7). Frau C. erhofft sich, auf diese Weise noch mehr über Laras Befürchtungen zu erfahren. Für die kommende Woche vereinbart Frau C. ein Treffen mit allen Beteiligten.

Tab. 7: Kurzfragebogen zur Erfassung von Laras Gedanken in sozialen Situationen

Situation	Gedanken, die Lara aufschreibt
Wenn ich morgens in die Klasse gehe und höre, dass alle anderen bereits dort sind, denke ich:	*Hoffentlich spricht mich keiner an.*
Wenn ich im Unterricht etwas vorlesen soll, denke ich:	*Ich fange bestimmt an zu stottern, und dann lachen die anderen über mich.*
Wenn ich in der Pause auf den Schulhof gehe, denke ich:	*Bestimmt schauen mich alle an. Hoffentlich sehe ich nicht komisch aus.*
Wenn ich im Unterricht etwas gefragt werde, denke ich:	*Hoffentlich sage ich nichts Doofes.*

7.6.3 Gespräch mit der Schülerin und der Mutter

Um das weitere Vorgehen zu besprechen, sitzen in der nächsten Woche Lara, ihre Mutter, der Sonderpädagoge der Emil-Nolde-Ge-

7.6 Pädagogische Diagnostik und Förderplanung

meinschaftsschule und Laras Klassenlehrerin Frau C. an einem Abend zusammen in einem kleinen Besprechungsraum der Schule. Frau C. bedankt sich bei allen für ihr Kommen und beginnt das Gespräch: »*Anlass für dieses Treffen ist ein Gespräch, das Lara und ich in der letzten Woche geführt haben. In diesem Gespräch haben wir uns über Laras Rolle in der Klasse unterhalten und festgestellt, dass sie sich dort nicht sehr wohl fühlt. Weil wir aber wollen, dass sie sich wohl fühlt – und ich schätze, das geht Ihnen genauso (Frau C. blickt auf Laras Mutter) –, sind wir zu dem Schluss gekommen, dass es eine gute Idee ist, wenn wir uns alle einmal gemeinsam darüber austauschen. Lara, möchtest du etwas hinzufügen oder soll ich meine eigenen Beobachtungen schildern?*« Lara hat den Blick gesenkt. Nach einer kurzen Weile schaut sie kurz zur Lehrerin auf und murmelt »Sie«. Also fährt die Lehrerin fort und schildert ihre Beobachtungen, dass sich Lara sehr zurückzieht, sie wenig Kontakt innerhalb der Klasse hat und sich auch im Unterricht extrem zurückhält. Sie beschreibt ihren Eindruck, dass es für Lara anscheinend sehr belastend ist, wenn sie im Mittelpunkt steht und etwas vorlesen oder frei sprechen soll. Sie berichtet auch von dem Fragebogen, den Lara ausgefüllt hat und in dem deutlich wird, dass sie Angst davor hat, sich »komisch« zu verhalten oder etwas Doofes zu sagen und dass die anderen über sie lachen.

Anschließend fragt Frau C. Laras Mutter nach ihrer Einschätzung. Diese bestätigt, dass Lara lieber für sich allein ist und außerhalb der Schule kaum Freundinnen und Freunde hat. Sie berichtet, dass sie morgens häufiger über Bauchschmerzen und Unwohlsein klagt und sie schon den Eindruck hat, dass Lara im Moment nicht sehr gern zur Schule geht. Anschließend ergreift der Sonderpädagoge das Wort: »*Lara, ich finde sehr gut, dass wir uns heute hier alle treffen. Ich denke, die letzten Monate waren für dich nicht ganz einfach. Aber man kann etwas ändern, wenn es einem schlecht geht. Und es gibt eine Reihe von Möglichkeiten, das zu erreichen; wir wollen dich dabei unterstützen.*« Frau C. und der Sonderpädagoge erklären, dass sie von schulischer Seite ein Angebot erarbeiten können. Sie schlagen vor, ein solches Angebot mit Lara und ihrer Mutter abzustimmen. Diese sind erleichtert, dass nun etwas passiert, und stimmen dem Vorschlag zu.

Frau C. setzt sich zwei Tage später mit dem Sonderpädagogen der Schule zusammen und notiert erste Ideen für das weitere Vorgehen. Sie hat immer noch Zweifel, ob sie sich richtig verhält und die Maßnahmen auch sinnvoll durchführen kann. Der Sonderpädagoge bestärkt sie in ihrem Vorhaben und erklärt sich weiterhin bereit, soweit es geht, für eine Kooperation zur Verfügung zu stehen.

7.6.4 Verhaltensanalyse

Nach den Gesprächen mit Lara und ihrer Mutter möchte Frau C. Laras Situation schriftlich festhalten, um die weiteren Schritte insbesondere in Bezug auf mögliche Fördermaßnahmen zu planen. Nach Absprache mit dem Sonderpädagogen fasst sie eine typische Situation aus dem Unterricht, die sie bereits oft beobachtet hat, in einem SORCK-Schema zusammen (s. Tabelle 8).

7.6 Pädagogische Diagnostik und Förderplanung

Tab. 8: Verhaltensanalyse nach dem SORCK-Modell: Laras Angstreaktion in einer Unterrichtssituation

S₁: Stimulus₁	O: Organismus	R₁: Reaktion₁ = Stimulus₂	R₂: Reaktion₂		C: Konsequenz	K: Kontingenz
					Kurzfristig / Langfristig	
Aufforderung der Lehrkraft, einen Abschnitt aus dem Lehrbuch vorzulesen	Tendenz zur Ängstlichkeit Hoher Stresslevel/ hohes Erregungsniveau Verzerrte Annahmen (»Die anderen finden mich komisch«)	Angstreaktion: Angstgedanken (»Die anderen lachen mich aus«) Erröten, schwitzen Vermeidet Blickkontakt, verlässt nach Unterrichtsschluss umgehend die Klasse	Vermeidungs- und Sicherheitsverhalten: Leises und schnelles Sprechen, Meidung von Blickkontakt, Verlassen des Klassenzimmers unmittelbar nach Unterrichtsschluss	+	Angstreduktion durch Verlassen des Klassenzimmers und Blickkontaktvermeidung	Unmittelbar, kontinuierlich
				–	Anspannung wird durch Selbstaufmerksamkeit noch größer Aufrechterhaltung der Angst Kaum Sozialkontakte	Kontinuierlich

7.6.5 Erstellen einer Angsthierarchie

Frau C. trifft sich mit Lara, um mit ihr eine Angsthierarchie zu erstellen. Dabei gibt Lara für verschiedene Situationen ihr Angstniveau auf einer Skala von 0 = *kein Problem* bis 5 = *nicht auszuhalten* an. Zur Veranschaulichung verwendet Frau C. dafür ein Angstthermometer. Die Angsthierarchie hilft nicht nur dabei, verschiedene Situationen, in denen Lara Angst erlebt, systematisch zu erfassen; vor allem ist sie die Grundlage für eine spätere Exposition, bei der sich Lara schrittweise mit angstauslösenden Situationen konfrontiert. Beim Gespräch erarbeiten Frau C. und Lara folgende Angsthierarchie (s. Tabelle 9).

Tab. 9: Laras Angsthierarchie mit Angstthermometer

Stufe	Angstthermometer	Skalenpunkt	Situation
5	viel zu heiß	nicht auszuhalten	Referat vor der Klasse halten
4	heiß	sehr schwierig	In der Umkleidekabine vor dem Sportunterricht
3	sehr warm	schwierig	In der Klasse mit den anderen sitzen, bevor der Unterricht beginnt
2	warm	etwas schwieriger	An der Bushaltestelle auf den Schulbus warten
1	lauwarm	kribbelig	Morgens nach dem Aufstehen
0	kühl	kein Problem	Alleinsein am Wochenende oder nachmittags nach der Schule

7.7 Entwicklung einer Förderplanskizze – Begründung der pädagogischen Interventionen

Frau C. trifft sich noch einmal mit dem Sonderpädagogen der Schule, um mit ihm einen Förderplan für Lara zu erstellen. In erster Linie soll es darum gehen, dass die Angst, die Lara in ihrem Alltag erlebt, soweit reduziert wird, dass sie den Schultag gut bewältigen kann. Um das zu erreichen, werden verschiedene Methoden geplant (siehe Übersicht unten). Dabei erachten die beiden es für wichtig, Lara mit einzubeziehen und zunächst in einem umfassenden Gespräch über wichtige Aspekte von Angst zu informieren (Psychoedukation). Dabei soll auch der Zusammenhang zwischen Gedanken und Gefühlen thematisiert werden, damit Lara lernt, dass ihre Gedanken und Annahmen einen großen Einfluss darauf haben, wie sie sich in der jeweiligen Situation fühlt und danach verhält. Um zu verdeutlichen, dass die eigenen Annahmen und Erwartungen häufig sehr negativ sind (z. B. »die anderen lachen über mich«) und gar nicht zutreffen, werden Verhaltensexperimente geplant. Lara hat außerdem in den letzten Monaten immer häufiger Situationen gemieden, die ihr Angst bereiten. Dieses Vermeidungsverhalten kann ein großes Problem werden und sich verfestigen, weil es positiv verstärkend wirkt – schließlich sinkt durch die Vermeidung zunächst einmal die Angst. Damit Lara aber erlebt, dass die Angst auch sinkt, wenn man eine Situation aushält, soll sie schrittweise an verschiedene Situationen, die in der Angsthierarchie erarbeitet wurden, herangeführt werden (sukzessive Exposition). Der Sonderpädagoge weist in dem Zusammenhang darauf hin, dass es wichtig ist, Laras Erfolge durch Lob und ggf. weitere Belohnungen positiv zu verstärken (▶ Kap. 5.7 Kontingenzmanagement).

Auch eine Unterstützung der Mutter halten Frau C. und der Sonderpädagoge für sinnvoll, damit das Vermeidungsverhalten von Lara nicht verstärkt wird und die Mutter zudem ein adäquates Modellverhalten vorleben kann. Da jedoch weder Frau C. noch der Sonderpädagoge eine umfassende und begleitende Elternberatung anbieten können, verständigen sie sich darauf, sich zumindest noch einmal mit Laras Mutter zu treffen und ein informatives Gespräch zu führen.

Frau C. und der Sonderpädagoge unterhalten sich auch über ein mögliches soziales Kompetenztraining, verzichten schließlich aber darauf: Zum einen ist für die Durchführung eines solchen Trainings aktuell in der Schule keine Kapazität vorhanden; zum anderen schätzen beide Laras soziale Kompetenzen als ausreichend ein, um im Schulalltag gut zurecht zu kommen. Sie beschließen aber, im Elterngespräch anzusprechen, dass es grundsätzlich die Möglichkeit gäbe, ein solches Training außerhalb der Schule durchzuführen, sollte Laras Mutter Bedarf dazu sehen.

Bei der Formulierung eines Förderziels denkt Frau C. direkt an Laras Vermeidungsverhalten, das man reduzieren sollte. Nach Rücksprache mit dem Sonderpädagogen vereinbaren beide jedoch, als übergeordnetes Förderziel die Reduktion von Laras Angst festzuhalten und den Abbau von Vermeidungsverhalten als methodischen Schritt dorthin zu betrachten. (*Anmerkung: Der Vorschlag von Frau C., den Abbau von Vermeidungsverhalten als Ziel zu formulieren, wäre aber eine ebenso denkbare Alternative. Die Angstreduktion könnte dann als zweites Ziel notiert werden.*)

Förderziel: Reduktion der sozialen Angst von Lara im Schulalltag
Methoden:

1. Beratungsgespräch/Psychoedukation mit der Mutter
2. Psychoedukation Schülerin
3. Verhaltensexperiment zur Überprüfung dysfunktionaler Kognitionen
4. Sukzessive Reizkonfrontation auf Grundlage der Angsthierarchie
5. Kontingenzmanagement

7.8 Pädagogische Interventionen

7.8.1 Beratungsgespräch/Psychoedukation mit der Mutter

Frau C. trifft sich mit dem Sonderpädagogen der Schule und Laras Mutter zu einem zweiten Gespräch. Frau C. fragt, wie es der Mutter gehe. Diese berichtet, dass sie froh sei, dass »etwas passiert«, da Lara sich mehr und mehr zurückziehe. Sie erzählt auch, dass sie sich etwas hilflos fühlt, weil sie nicht genau weiß, wie sie reagieren und mit Laras Rückzugsverhalten umgehen soll. Insbesondere der Morgen vor der Schule stellt oft eine Konfliktsituation dar: Lara klagt über Unwohlsein, und ihre Mutter möchte sie nicht mit Bauchschmerzen in die Schule schicken, weiß aber auch nicht, was sie genau tun soll. Frau C. und der Sonderpädagoge greifen das auf und skizzieren kurz den geplanten Ablauf des Gesprächs, in dem Laras Mutter auch einige nützliche Hinweise dazu erhalten soll. Sie bedanken sich auch für die Bereitschaft der Mutter und betonen, wie wichtig die Zusammenarbeit für den Erfolg ist.

Anschließend beschreibt der Sonderpädagoge einige wichtige Hintergründe sozialer Angst. Neben Informationen zur Häufigkeit und den Entstehungsbedingungen erfährt die Mutter, dass die Betroffenen es kaum aushalten, im Mittelpunkt zu stehen, da sie befürchten, sich nicht angemessen zu verhalten, auf andere seltsam zu wirken und verspottet zu werden. Insbesondere über das resultierende Sicherheitsverhalten wird Laras Mutter aufgeklärt. Ihr wird vermittelt, dass Vermeidungsverhalten langfristig zu einer Aufrechterhaltung der Angst führt und daher nicht unterstützt werden sollte. Das Aufgeben von Vermeidungsverhalten wird für Lara voraussichtlich eine große Herausforderung darstellen. Umso wichtiger ist es, dass ihre Mutter lernt, Lara zu unterstützen, ohne dabei die Vermeidung als Handlungsalternative zu bieten. Ebenso ist es natürlich von großer Bedeutung, dass die Mutter selbst ein solches konfrontatives Verhalten entsprechend vorlebt und keine

Vermeidungstendenzen zeigt. *(Anmerkung: Für viele Eltern bedeutet dies unter Umständen eine Veränderung eigener Verhaltensweisen, die sich über Jahre stabilisiert haben. Möglicherweise benötigen sie also dabei selbst Unterstützung, z. B. in Form einer Erziehungsberatung o. Ä.).* Auch geringe Fortschritte von Lara sollten lobend hervorgehoben werden; kleine Belohnungen können als weitere Verstärker eingesetzt werden. Diese sollten mit Lara besprochen werden, um entsprechend geeignete Verstärker auszuwählen. Die Lehrkräfte beschreiben für die Mutter das Vorgehen der sukzessiven Exposition, um sich schrittweise den angstbesetzten Situationen anzunähern. Auch über die Technik der Selbstinstruktion Laras Mutter informiert, da sie eine hilfreiche Strategie für Lara sein kann, wenn sie spürt, dass ihre Angst vor einer konkreten Situation zunimmt. Da Lara am Morgen oft über Unwohlsein klagt, das mit hoher Wahrscheinlichkeit auf Angst vor dem Schultag zurückzuführen ist, wird ein ritualisierter Ablauf entworfen, der für Routine und Entspannung sorgen soll. Um die morgendliche Situation zusätzlich zu entspannen, wird ein spezielles Verstärkersystem geplant, das alle Beteiligten entlasten soll (▶ Kap. 5.7: Kontingenzmanagement).

Abschließend wird das weitere Vorgehen besprochen, Laras Mutter stimmt den geplanten Interventionen nach diesen Erläuterungen zu. Nach einer kurzen Fragerunde bedanken sich die Lehrkräfte für das Gespräch und betonen die Bereitschaft, für weitere Fragen zur Verfügung zu stehen. Ein weiteres Gespräch ist zunächst nicht geplant.

7.8.2 Psychoedukation Schülerin

Frau C. verabredet sich mit Lara zu einem Treffen im Besprechungszimmer an einem Nachmittag. In altersgerechter Weise erhält Lara erst einmal Informationen zu Ängsten: Sie erfährt, dass Angst ein Schutzmechanismus darstellt, der in manchen Fällen jedoch gar nicht notwendig ist. Dieser überflüssige Selbstschutz verhindert dann, dass man sich so verhalten kann, wie man es sich wünschen würde. Auch über Auftretenshäufigkeiten von Ängsten informiert Frau C.: So erfährt Lara, dass sie mit ihrer Angst keineswegs allein ist, sondern es vielen Jugendlichen ähnlich geht. Frau C. erklärt ihr auch, dass Gedanken und Gefühle oft zusammenhängen und sich gegenseitig beeinflussen. Zur Veranschaulichung verwendet sie ein Beispiel aus dem Sport, bei dem die Leistung eines Handballspielers durch sorgenvolle Gedanken beeinträchtigt, durch positive Gedanken dagegen verbessert werden kann (siehe Tabelle 10). Schließlich stellt sie den Zusammenhang zu Lara her, die auch Gedanken hat, die sie hemmen, wenn sie beispielsweise vor der Klasse sprechen muss oder morgens im Klassenzimmer auf ihre Mitschülerinnen und Mitschüler trifft. Lara erfährt, dass es verschiedene Methoden gibt, mit deren Hilfe sie lernen kann, mit ihrer Angst so umzugehen, dass sie ihr nicht mehr im Weg steht und sie belastet. Frau C. erzählt ihr von den Ideen des Verhaltensexperiments und der Konfrontation. Sie erklärt ihr, dass die Vermeidung von Situationen zwar verständlich und eine naheliegende Reaktion ist, dass sie aber langfristig nicht dabei hilft, dass die Angst weni-

Tab. 10: Beispiel für den Zusammenhang von Gedanken, Gefühlen und Verhalten im Sport

Spielsituation	Spieler tritt zu einem Siebenmeter an.	
	Hemmend	**Begünstigend**
Gedanken	Den Ball hält der Torwart doch sowieso. Und dann bin ich schuld, dass wir verlieren. Die Zeitungen werden mich verspotten.	Die Chance lasse ich mir nicht nehmen. Der Torwart ist gut, aber ich werde ihn mit einer Körpertäuschung austricksen.
Gefühl	Angst, Nervosität	Gelassenheit, hohes Selbstbewusstsein
Konsequenz	Konzentrationsmangel, Fokus auf negative Gedanken. Wahrscheinlichkeit für einen Fehlwurf ist hoch.	Hohe Konzentration, Wahrscheinlichkeit für einen Treffer ist hoch.

ger wird. Lara erklärt sich bereit, die Ansätze auszuprobieren, obwohl sie Bedenken hat, dass es sehr schwierig für sie sein wird. Frau C. und Lara vereinbaren, im Vorfeld der Exposition noch einmal zu sprechen und Mutmachsätze zu entwickeln, die sie unterstützen sollen (z. B. »Klar kann ich das!«, »Es wird alles gut!«, »Probieren geht über Studieren« etc.).

7.8.3 Verhaltensexperiment

Im Anschluss an das psychoedukative Gespräch erhält Lara einen Fragebogen, auf dem eine Unterrichtssituation skizziert ist. Ähnlich wie im Kurzfragebogen, den Lara beim Erstgespräch erhalten hat (▶ Kap. 7.2), soll sie sich die Situation vorstellen und ihre Erwartungen, die sie in dieser Situation hat, notieren.

Situation

Im Unterricht wird ein längerer Text gelesen. Abwechselnd lesen Schülerinnen und Schüler einzelne Passagen des Textes vor. Du wirst aufgerufen, um die nächste Passage vorzulesen.

Welche Gedanken gehen dir durch den Kopf? Welche Erwartungen hast du? Lasse deinen Gedanken freien Lauf und schreibe sie auf:

Ich beginne zu stottern und werde rot. Die anderen tuscheln und lachen über mich.

Abb. 1: Erfassung dysfunktionaler Kognitionen als Grundlage für ein Verhaltensexperiment

Frau C. und Lara vereinbaren, dass sie diese Situation für ein Verhaltensexperiment nutzen. Das Ziel dieses Verhaltensexperiments ist es, Laras Annahmen zu überprüfen und ggf. zu korrigieren. Da sie während des Vorlesens nicht gleichzeitig sich selbst und ihre Mitschülerinnen und Mitschüler beobachten kann, soll die Situation im Klassenzimmer gefilmt werden[1]. Die aufgenommene Sequenz wird anschließend mit Lara zusammen angeschaut und hinsichtlich ihrer Befürchtungen bewertet. So kann Lara überprüfen, ob (1) sie tatsächlich stottert und rot wird und dies auch allen auffällt oder nur ihr selbst, und ob (2) ihre Mitschülerinnen und Mitschüler wirklich tuscheln und über sie lachen. Frau C. hat sich im Vorfeld dazu mit dem Sonderpädagogen unterhalten und kann dieses Verhaltensexperiment guten Gewissens durchführen, weil sie bereits häufig die Beobachtung gemacht hat, dass Lara beim Vorlesen zwar angespannt wirkt, die Mitschülerinnen und Mitschüler dem jedoch kaum Beachtung schenken. So ist sie sicher, dass Lara korrigierende Erfahrungen machen kann.

7.8.4 Sukzessive Reizkonfrontation

Während das Verhaltensexperiment dazu dient, negative Annahmen zu überprüfen und zu korrigieren, soll Lara mithilfe der sukzessiven Reizkonfrontation in erster Linie die Erfahrung machen, dass sie Situationen, in denen sie Angst hat, aushalten kann und die Angst mit der Zeit weniger wird. Als Grundlage dient die Angsthierarchie, die Lara gemeinsam mit Frau C. erstellt hat (▶ Kap. 7.6.5 Erstellen einer Angsthierarchie). Dabei wird deutlich, dass Lara Situationen als belastend empfindet, in denen sie vor oder mit anderen sprechen muss. Bieten die Situationen noch ausreichend Raum, um einen intensiven Kontakt zu umgehen

---

1 Die Lehrerin möchte die Aufnahmen auch nutzen, um mit den Schülerinnen und Schülern individuell die Lautlese-Kompetenzen zu besprechen. So kann sie die Klasse über die Aufnahmen informieren, ohne Lara in den Mittelpunkt zu rücken. Da bei Filmaufnahmen datenschutzrechtliche Aspekte relevant sind, muss sie im Vorfeld das Einverständnis der Schülerinnen und Schüler bzw. ihrer Erziehungsberechtigten einholen.

(z. B. morgens an der Bushaltestelle), kann sie sie noch gut aushalten. Ist sie dagegen in einer kontaktintensiven Situation (wie z. B. in der Umkleidekabine vor dem Sportunterricht), ist sie sehr angespannt – als nicht auszuhalten empfindet sie Situationen, in denen sie im Mittelpunkt steht und frei sprechen muss (z. B. beim Halten eines Referats). Um eine schrittweise Annäherung an die verschiedenen Situationen zu ermöglichen, werden in der nächsten Klassenkonferenz die Kolleginnen und Kollegen informiert, die ebenfalls in der 7. Klasse unterrichten. So soll Lara fächerübergreifend in zunächst wenig angstauslösenden Situationen positive Erfahrungen sammeln, um sich dann Schritt für Schritt den stärker angstauslösenden Situationen zu stellen. Kurze Phasen von Gruppenarbeiten oder das Lesen kurzer Abschnitte stellen hier geeignete Übungen dar. Nach der Stunde wird Lara im Einzelgespräch für ihren Mut explizit gelobt. Frau C. würde zwar gern die einzelnen Expositionsübungen in ergänzenden Beratungsgesprächen mit Lara besprechen. Da ihre Eingebundenheit in eine Vielzahl schulischer Aufgaben dies jedoch nicht zulassen, beschränkt sie sich auf kurze Rückmeldungen nach dem Unterricht.

7.8.5 Kontingenzmanagement

Lara hat in den letzten Monaten ein ausgeprägtes Sicherheitsverhalten entwickelt, d. h. sie neigt dazu, Situationen, die ihr Angst machen, zu meiden, sich zurückzuziehen, um so wenig wie möglich aufzufallen. Mit den bereits initiierten Interventionen soll dieses Sicherheitsverhalten reduziert werden, da es zu einer Aufrechterhaltung der Angst beiträgt. Im Sinne eines Kontingenzmanagements soll zudem ein System aus positiver und negativer Verstärkung etabliert werden, bei dem das angestrebte Verhalten (d. h. aktive Konfrontation, Kontaktaufnahme zu anderen etc.) positiv verstärkt und unerwünschtes Verhalten (d. h. Vermeidungsverhalten) negativ verstärkt wird. Im Elterngespräch stellte sich heraus, dass die Situation am Morgen vor der Schule oft eine Konfliktsituation darstelle. Diese alltägliche Situation soll nun durch ein Verstärkersystem entspannt werden. Der Sonderpädagoge trifft sich dazu zu einem halbstündigen Gespräch mit Lara, bei dem erarbeitet werden soll, wie angemessene Verstärker für Lara aussehen könnten und wann sie diese erhalten soll. Es entsteht ein mehrstufiges Token-System: Für jeden Morgen, an dem Lara pünktlich an der Bushaltestelle ist und mit dem Bus zur Schule fährt, erhält sie einen Chip. Zehn Chips kann sie gegen eine Belohnung aus Kategorie 1 einlösen (in dieser Kategorie befinden sich kleine Belohnungen wie Sammelkarten, kleine Spielzeuge o. Ä.). 20 Chips kann sie gegen eine Belohnung aus Kategorie 2 einlösen (darin befinden sich etwas größere Belohnungen wie Kinogutscheine etc.). Da Laras Mutter nicht möchte, dass sich ihre Tochter bei körperlichen Beschwerden gedrängt fühlt, wird zunächst auf einen Entzug der Verstärker verzichtet.

In der Schule herrscht im Kollegium Konsens darüber, dass es unterstützt werden sollte, wenn Lara sich für einen Wortbeitrag meldet. Daher wird vereinbart, dass sie für jeden Wortbeitrag am Unterrichtsende einen Sticker in ein Sammelheft bekommt. Bei 10 Stickern hat sie einen Freifahrtschein, um einmal die Hausaufgaben nicht zu machen. Frau C. ist sich zwar bewusst, dass diese Art von Verstärkung nicht optimal ist, weil Hausaufgaben nicht als aversiver Reiz dargestellt werden sollen, doch in der aktuellen Situation scheint dies dennoch die vielversprechendste Möglichkeit zu sein.

7.9 Evaluative Perspektive

Um zu beurteilen, ob die pädagogischen Interventionen erfolgreich sind, d. h. das Ziel, die Angst im Schulalltag zu reduzieren, werden Gespräche mit Lara und ihrer Mutter geführt. Dabei werden insbesondere die in der Angsthierarchie aufgeführten Situationen besprochen und das Angstniveau neu eingeschätzt. Berichte von Mutter und Kind dienen der qualitativen Einschätzung von Laras Angst. Ein wichtiger Aspekt ist zudem das Vermeidungsverhalten: Im kollegialen Austausch, aber auch im Gespräch mit der Mutter wird besprochen, inwiefern Laras Vermeidungstendenzen innerhalb und außerhalb des Unterrichts reduziert und Verstärkungssysteme zur Unterstützung einer Konfrontation mit sozialen Situationen etabliert werden konnten.

8

Fallvignette Joshua

8.1 Ausgangslage

Herr Q., Klassenlehrer in einer 9. Klasse der Goethe-Gesamtschule, berichtet in der Pause seinem langjährigen Kollegen von einer sich wiederholenden Erfahrung, die ihn gerade sehr beschäftigt. Eben hat er Prüfungsgespräche in Geschichte stattfinden lassen, die er regelmäßig zur Fundierung seiner Notengabe mit zufällig ausgewählten Schülerinnen und Schülern in der Klasse führt. Herr Q. ist an sich ein beliebter, freundlicher und zugewandter Lehrer, der diese Gespräche zusätzlich nutzt, um ein aktuelles Themenfeld für alle zu wiederholen und auf dieser Grundlage danach neuen Stoff zu erarbeiten.

Das letzte Gespräch fand u. a. mit Joshua statt, der ein fleißiger und interessierter Schüler ist und sich mit einer Gruppe über die Ausgangslage der Französischen Revolution unterhalten sollte. Er habe die Erfahrung gemacht, dass Joshua nicht gerne im Mittelpunkt steht und deswegen die Idee gehabt, dass drei Schülerinnen bzw. Schüler sich entlang einer kurzen, von ihm vorher zusammengestellten Liste über wichtige Themen und Ereignisse unterhalten sollen. Er sei aber dann sehr erstaunt darüber gewesen, dass auch diese vergleichsweise »entschärfte« Prüfungssituation für Joshua offensichtlich ebenso sehr unangenehm, er würde sogar sagen eine Qual gewesen sein muss, berichtet Herr Q.; und dies, obwohl es sich nicht wie ein Test oder eine Prüfung anfühlen sollte. Joshua sei völlig erstarrt, puterrot an Gesicht und Hals angelaufen und habe kaum ein Wort gesagt, sodass auch die anderen beiden ziemlich irritiert waren und ihn aus Rücksicht nicht mehr mit ins Gespräch einbezogen hätten. Joshua habe dies dann natürlich bemerkt und das sei offenbar noch viel schlimmer gewesen. Er, Herr Q., habe keinen Zweifel gehabt, dass Joshua sich angemessen auf die Stunde vorbereitet und überhaupt eine sehr gute Allgemeinbildung habe, allerdings gebe es einen enormen Unterschied zwischen seinem vorhandenen Wissen und den gezeigten Leistungen. Er nähme sich das als Lehrer wirklich sehr zu Herzen, denn er wolle nicht, dass ein Schüler, der sich anstrenge und insgesamt seine Schularbeiten ziemlich sorgfältig umsetzt, soweit er dies einschätzen könne, letztlich an der Bewertungssituation scheitere. Das lasse ihm seit Längerem keine Ruhe mehr!

8.2 Fragestellung

Motiviert durch diese Erfahrung und bestärkt durch seinen Kollegen entscheidet Herr Q., dieses Problem mit allen Beteiligten in der Schule und gemeinsam mit Joshua und dessen Familie anzupacken. Da in diesem kurzen Pausengespräch einige wenige Informationen zur familiären Situation Joshuas ausgetauscht wurden, beschließt Herr Q. Möglichkeiten zur schulischen Unterstützung zu identifizieren und wirksame Maßnahmen zu initiieren.

8.3 Informationen zur Person

Joshua wurde vor etwas mehr als 14 Jahren in Kasachstan geboren. Als er etwa 6 Monate alt war, nahmen seine Eltern die Gelegenheit wahr, nach Deutschland auszuwandern. Im Alter von zwei Jahren wurde sein Bruder John, später seine Schwester Elsa geboren. Joshua besuchte mit drei Jahren die Kita in seinem Viertel und bewältigte dort die Eingewöhnung relativ mühelos. Seine Eltern legten bereits früh äußerst großen Wert auf die Ausbildung ihres Sohnes, zum Beispiel, dass ihm in einer Musikschule Geigenunterricht erteilt und er im Turnverein angemeldet wurde. Die Nachmittagsbetreuung der drei kleinen Kinder übernahm Joshuas Großmutter, noch als Joshua im Vorschulalter war.

Seine Entwicklung verlief insgesamt unauffällig. Joshua wuchs hauptsächlich deutschsprachig auf, in der engsten Familie wird phasenweise russisch gesprochen, insbesondere bei emotionalen Themen. Das Turnen hatte er bereits früh zugunsten des Fußballvereins aufgegeben, allerdings ohne dabei besonders erfolgreich zu sein. Sein besonderes Interesse – den Profifußball – teilt er mit seinem Vater. Als Mannschaftsmitglied ist er sehr beliebt und mit den allermeisten dort gut bekannt oder sogar befreundet. Dies hat dazu geführt, dass er von Beginn der Grundschule an mit Kindern aus seinem Fußballclub gemeinsam eine Klasse besuchen konnte. Joshua ist auch dort beliebt, er wurde bereits mehrfach als Klassensprecher vorgeschlagen, was er aber konsequent ablehnt.

Seine Schulleistungen können als insgesamt stabil bezeichnet werden mit wenig herausragenden Leistungen und keinen besonderen Schwachstellen. Er lernt zu Hause konsequent und verbringt damit vergleichsweise viel Zeit, ohne allerdings nennenswerte familiäre Unterstützung zu erhalten. Joshua ist mit den Ergebnissen seines Lernens seit jeher unzufrieden, worüber er allerdings lediglich mit seiner Familie spricht. Er hat einen extrem hohen Leistungsanspruch, freut sich lediglich über sehr gute Zensuren und ärgert sich, wenn er unter seinem angestrebten Niveau bleibt. Diese Haltung teilt er ebenso mit seinem Vater, der sich täglich über die Schule bei ihm informiert und seine Zensuren ähnlich streng kommentiert. Er erwartet gute bis sehr gute Leistungen, die dann in der gemeinsam verbrachten Zeit »gefeiert« werden. Unerwartet schlechte Noten werden bestraft, indem die Zeit nicht mehr gemeinsam verbracht wird. Joshua und sein Vater verstehen schlechte Noten als Zeichen von Schwäche. Joshua denkt oft, dass andere stärker im Kopf seien als er, weniger lernen müssen oder einfach besser sind. Unvorbereitet in den Unterricht zu gehen, einfach etwas zu sagen, ohne vorher gelernt zu haben oder dem Lehrer sogar zu widersprechen, würde ihm nicht einfallen.

Was ihn zur Verzweiflung bringt, ist, wenn er zwar gut vorbereitet, aber dann so aufgeregt ist, dass er nichts sagt. Er glaubt, dass das die Schwäche ist, die sein Papa meint. Bei Klassenarbeiten oder anderen Prüfungen passiert ihm das immer häufiger; er denkt etwa »oje, jetzt kommt es raus und alle sehen, wie schwach ich bin«, »ich kann mich noch so sehr anstrengen, das nützt sowieso nichts« oder »ich bin langsam und dumm«. Joshua blickt sorgenvoll auf die kommenden Probeklausuren in Mathematik und die Referate in Geschichte. Dort zu versagen, wäre unverzeihlich und würde ihm garantiert seine Zukunft verbauen. Er strebt eigentlich an, später Abitur zu machen, befürchtet aber derzeit, dass er scheitert, wenn es so weitergeht.

Obwohl Joshua außerordentlich viel Zeit für die Schule investiert (z. B. in die Hausaufgaben, Nachbereitung des Unterrichts und Vorbereitung von Klassenarbeiten) erhält er keine ergänzende Unterstützung beim Lernen. Diese Lernzeit zu Hause ist zunehmend belastet durch die Verzweiflung darüber, in den entscheidenden Momenten nicht zu »punkten«. Joshua neigt beim Lernen dazu, Texte zu lesen, und dabei in Gedanken immer wieder abzuschweifen. Er springt häufig auch zwischen den Themen hin und her, macht keine Erfolgskontrolle, stellt sich keine Fragen – kurzum: es haben sich im Laufe seiner Schulkarriere Methodendefizite eingeschlichen, die das Lernen sehr zeitaufwändig machen und überdies den Lernerfolg nicht sicherstellen.

Joshua erlebt schulische Prüfungssituationen in einem Zustand extremer emotionaler und körperlicher Anspannung, belastet durch Gedanken über die eigene Unzulänglichkeit, auch unter dem Eindruck seiner eigenen Herkunftsfamilie sowie deren Auswandererstatus und sozialer Herkunft. In einer solchen Prüfungssituation hat Joshua bereits mehrfach einen Blackout erlebt. Er konnte sich beispielsweise bei einer Klausur nicht mehr auf die Aufgaben konzentrieren, wusste Dinge nicht mehr, die er eigentlich gelernt hatte und gab schließlich verzweifelt ein kaum beschriebenes Blatt ab. Zunehmend versucht er, Prüfungen zu verschieben, indem er seine Eltern bittet, ihn krank zu melden. Die nun bevorstehenden Klausuren belasten ihn sehr und er spielt mit dem Gedanken, erneut zu fehlen, notfalls auch gegen den Willen seiner Eltern, die vom aktuellen Zustand ihres Sohnes bislang nicht viel mitbekommen haben.

8.4 Familiäre Situation

Joshuas Eltern sind seit ihrer frühen Jugendzeit ein Paar. Die Hochzeit fand in Kasachstan statt, als seine Mutter 18 Jahre alt war, ein Jahr später wurde Joshua geboren. Die berufliche Perspektive von Joshuas Vater war in Kasachstan äußerst schlecht, sodass er ein finanziell attraktives Angebot einer deutschen Firma mit seiner Frau intensiv besprach – Joshua war damals noch ein Säugling, Mutter und Kind wurden in ihrer Entscheidung durch die gesamte Familie unterstützt. Der Entschluss, gemeinsam auszuwandern, stand fest, da Joshuas Vater als Mitarbeiter eines deutschen Unternehmens erheblich mehr verdienen würde und zusätzlich seiner Frau aufgrund ihrer sehr guten Deutschkenntnisse eine berufliche Perspektive angeboten werden konnte. Mit Hilfe einer Community von Auswandererfamilien aus Kasachstan konnten sie sich dann sehr schnell in ihrem neuen Wohnort in Deutschland orientieren, die Geburt von John und Elsa folgten nach weiteren ca. zwei bzw. drei Jahren. Dass dennoch beide arbeiten konnten, wurde durch den Zuzug der Großeltern mütterlicherseits ermöglicht. Sie kümmern sich intensiv um ihre Enkelkinder, ohne allerdings schulische Unterstützung anbieten zu können.

Dass sie sich ein Leben in Deutschland mit drei Kindern und mittlerweile in einer Eigentumswohnung erlauben können, macht die Eltern sehr stolz. Den sozialen Aufstieg geschafft zu haben, ist auch bei der Verwandtschaft in Kasachstan eine sehr respektierte Leistung und ein für alle nachvollziehbarer Grund, die Familie verlassen zu haben. Die Eltern sind mittlerweile beide in Vollzeit berufstätig, ihre drei Kinder werden weiterhin eng von den Großeltern betreut, sind aber inzwischen sehr selbstständig.

Dass die schulische Leistung im Zentrum der Aufmerksamkeit steht, haben die Kinder internalisiert und sind daher sehr bemüht um gute Zensuren. Die Bewertungen in sämtlichen Fächern werden kritisch kommentiert, der Erwartungsdruck ist sehr hoch und selbst durchschnittliche Leistungen werden nicht akzeptiert. Die Kinder berichten zumeist abends, wie lange sie tagsüber gelernt haben, dabei findet zunehmend eine Konkurrenzsituation unter den Geschwistern statt. Dieser Wettbewerb hat sich auch auf die Schulnoten ausgeweitet, mit denen außerdem die Zuwendung der Eltern steht und fällt. Fallen Bewertungen nicht positiv aus, werden die Ursachen zumeist bei den Kindern vermutet. Dabei werden eine große Leistungsbereitschaft und hohes Engagement aller Kinder erwartet. Wenn angenommen wird, dass dies nicht ausreicht, reagieren die Eltern sehr streng mit verbalen Missbilligungen, Stubenarrest und anderen Strafen. Physische Bestrafung lehnen beide allerdings vor dem Hintergrund ihrer eigenen Biografie klar ab.

Mit den zunehmenden schulischen Anforderungen an Joshua liegt die Aufmerksamkeit der Eltern auf seiner schulischen Entwicklung. Auch sie nehmen einen sehr großen Unterschied zwischen dem hohen Lernaufwand und den resultierenden Leistungen in vielen Fächern wahr. Die aus ihrer Sicht unbefriedigenden Ergebnisse belasten nun sogar zunehmend den familiären Zusammenhalt.

8.5 Schulische Situation

Die von Herrn Q. im Pausengespräch dargestellten Auffälligkeiten im Umgang mit Prüfungssituationen zeigen sich in unterschiedlichen Prüfungsprozeduren. Joshuas Aktivitätsniveau während der Unterrichtszeiten muss als immer zurückhaltender bezeichnet werden. Die Leistungen haben sich insgesamt leicht verschlechtert. Auffällig zeigt sich in den letzten Monaten eine Tendenz zur Zunahme von Fehlzeiten im zeitlichen Umfeld von Prüfungssituationen.

Die heftige Reaktion auf bewertungsrelevante Situationen hat vereinzelt zu Irritationen in der Klasse geführt. Joshua ist in seiner Alterskohorte aber weiterhin sehr gut integriert und verhält sich zurückhaltend und freundlich.

8.6 Pädagogische Diagnostik

Herr Q. nimmt seinen Entschluss sehr ernst und möchte sich zunächst über Möglichkeiten zum Umgang mit extremen Reaktionen auf Prüfungssituationen informieren. Dabei stößt er auf den Ratgeber Soziale Ängste und Leistungsängste (Büch et al., 2015), den er durcharbeitet. Die dort genannten Anregungen geben ihm eine erste Orientierung, welche Schritte zu tun sind. Er beschließt zunächst einen kurzen Austausch im engsten Kollegenkreis, plant danach ein Gespräch mit Joshua zu führen und die Eltern zu kontaktieren. Auf der Basis dieser ersten Gespräche möchte er eine Förderung für Joshua begründen.

8.6.1 Kollegialer Austausch

Zunächst will er sich im Gespräch mit zwei Kolleginnen austauschen, um seine Beobachtungen zu teilen. Herr Q. möchte dabei ehrlicherweise auch erfahren, ob es vielleicht an seinem Verhalten oder an seiner Person liegt, dass Joshua derart heftig reagiert, wenn Bewertungen anstehen. Lediglich eine Kollegin bestätigt dann, dass Joshua im Englischunterricht aktiv und leistungsstark ist, beim Probedialog aber ähnlich belastet erscheint. Die zweite Kollegin kann nicht viel dazu beitragen, da er bei beiden Klausuren erkrankt war und die Nachholprüfung derzeit noch aussteht. Herrn Q. wird im Gespräch klar, dass sich aufgrund der Kumulation der verschiedenen Fehlzeiten eine »Bugwelle« offener Prüfungen anhäuft, die für Joshua die Situation vermutlich verschärfen.

Herr Q. erfragt im Gespräch, ob die Kolleginnen weitere Beobachtungen machen konnten, die sich auf Prüfungssituationen oder ähnlich belastende Inhalte beziehen. Weiterhin möchte er wissen, ob es nach Ansicht der Kolleginnen Prüfungssituationen gäbe, bei denen die Reaktion weniger heftig ausfällt. Ergänzend erfragt er, welche Annahmen beide haben, worin mögliche Auslöser für das Verhalten bestehen könnten. Besonders intensiv tauschte sich die Gruppe über den Zeitpunkt aus, seit dem das prüfungsängstliche Verhalten eskaliert.

Die Erkenntnisse aus dem Gespräch mit den Kolleginnen dokumentiert Herr Q. und nimmt sie mit auf in die Vorbereitung der nachfolgenden Gespräche mit Joshua und dessen Eltern:

- Joshua wird als aktiv und leistungsstark beurteilt
- beim Probedialog in Englisch sehr aufgeregt
- bei beiden Klausuren in Geografie erkrankt
- in Prüfungssituationen durchweg belastet
- bleibt unter seinen Leistungsmöglichkeiten
- Auslöser: kein Leistungs- oder Motivationsproblem
- sehr große Angst vor leistungsrelevanten Situationen
- diese Entwicklung hat sich in den letzten Monaten deutlich verstärkt

8.6.2 Kontaktaufnahme mit dem Schüler

Die Darstellungen im Rahmen des kollegialen Austauschs erlebt Herr Q. als Bestätigung, die Schritte wie ursprünglich geplant weiter zu gehen, sodass er im Nachgang der nächsten Geschichtsunterrichtsstunde Joshua ansprechen möchte, um einen Termin zu vereinbaren. Dieser Versuch misslingt etwas, da Joshua schlechte Nachrichten befürchtet und zunächst beruhigt werden muss. Herr Q. erklärt ihm, dass er sich einen Austausch wünscht mit dem Ziel, seine Situation zu verbessern; Joshua wirkt daraufhin deutlich erleichtert und lässt sich allmählich darauf ein, sodass für den nächsten Schultag in der Mittagspause ein Gespräch zwischen Joshua und Herrn Q. geplant wird.

Das Gespräch wird in einem leeren Klassenraum geführt, Herr Q. hat seine Aufzeichnungen aus dem kollegialen Austausch mitgebracht. Er erklärt Joshua, dass es ihn als Lehrer betrübt, wenn er den Eindruck hat, dass seine Arbeit bei Schülerinnen oder Schülern Kummer verursacht. Dabei stellt er kurz dar, welches Ziel er in dem oben dargestellten Gruppengespräch ursprünglich verfolgt hat und beschreibt die Notwendigkeit zur Fundierung einer Bewertung von

Leistungen, auch in seinem Fall. Er bezieht sich auf seine Kolleginnen und gibt wieder, dass Joshua als aktiv und leistungsstark beurteilt wird, dass er unter seinen Leistungsmöglichkeiten bleibe, dass bei ihm Angst vor leistungsrelevanten Situationen beobachtet werde, obwohl er kein Leistungs- oder Motivationsproblem habe, dass sich diese Entwicklung in den letzten Monaten deutlich verstärkt habe, er z. B. beim Probedialog in Englisch sehr aufgeregt gewesen sein soll und bei beiden Klausuren in Geografie erkrankt gewesen sei. Herr Q. bittet schließlich Joshua um seine Einschätzung.

Joshua bestätigt weitgehend die Darstellung von Herrn Q., zeigt sich aber auch verwundert darüber, dass Herr Q. dieses Gespräch führt.

Herr Q. fasst die wichtigsten Aspekte einer altersgerechten Psychoedukation zusammen (▶ Kap. 5.2: Psychoedukation). Hierzu stellt er die häufigsten Angstsymptome dar, wie z. B. körperliche Symptome, Vermeidungsverhalten als Folge der erlebten Angst, dysfunktional negative Bewertungen von Prüfungssituationen, die möglichen Entstehungsbedingungen, auslösende Faktoren und Vermeidung als aufrechterhaltenden Faktor. Er stellt die Häufigkeit schulbezogener Ängstlichkeit dar und beschreibt, was man dagegen tun kann, wie z. B. Entspannung (▶ Kap. 5.5: Entspannung), Konfrontation (vgl. ▶ Kap. 5.6: Konfrontation mit Unterstützung) und die Arbeit an negativen Bewertungen (▶ Kap. 5.4: Bewältigung dysfunktionaler Gedanken).

Die Darstellung von Herrn Q. führt zu einer sichtbaren Erleichterung bei Joshua. Er signalisiert sein großes Interesse daran, an seiner Situation grundlegend etwas zu verändern. Er vermutet allerdings, dass seine Eltern sich nicht darüber freuen, wenn man ihm eine Prüfungsangst attestieren würde.

Das Wichtigste aber sei, so Herr Q., dass er, Joshua, bereit sei zur Mitarbeit. Das sei enorm wichtig und er habe zudem keinen Zweifel daran, dass ihm das auch gelingen werde. Herr Q. unterstreicht den großen Fleiß Joshuas und den Mut, sich mit den Ängsten zu beschäftigen. Was seine Eltern anbelange, so könne er ihnen nur Positives über Joshua berichten. Herr Q. kündigt an, dass er sehr gerne ein Gespräch mit Joshuas Eltern führen würde. Dabei würde es um die sichtbare Leistungsbereitschaft Joshuas ebenso gehen wie darum, Möglichkeiten zu besprechen, dass sich diese Leistung mehr und mehr auch in den Bewertungen widerspiegeln kann. Es würde außerdem auch darum gehen, gemeinsam mit ihnen zu planen, worin der Beitrag der Eltern bestehen könnte. Gerne würde er auch die Zustimmung der Eltern erbitten, dass Joshua eine gezielte Unterstützung im Unterricht bekommt, um seine Prüfungsängstlichkeit zu überwinden.

Aus den ihm vorliegenden Informationen benennt Herr Q. Joshua schließlich pädagogische Fördermöglichkeiten:

- Gespräch mit den Eltern
- Vermittlung von Entspannungskompetenzen, um die Konfrontation/Exposition zu erleichtern
- Sukzessive Exposition
- Erwerb von Lernstrategien
- Tagebuch zu Prüfungssituationen

Joshuas Ausgangslage ist ambivalent: einerseits ist er dankbar für die Angebote und bereit, sich zu engagieren. Andererseits befürchtet er, dass seine Eltern ihm das Leben schwer machen werden, nachdem Herr Q. mit ihnen gesprochen hat. Herr Q. und Joshua vereinbaren daher, dass Herr Q. zunächst lediglich ein Telefongespräch führen wird mit dem Ziel, die Situation zu erklären, d. h. deutlich zu machen, dass Joshua sehr engagiert ist, aber mit Prüfungssituationen Schwierigkeiten hat. Im Anschluss soll möglichst der Termin für ein Treffen gefunden werden, an dem Herr Q., Joshuas Eltern und Joshua teilnehmen, um dort die weitere Vorgehensweise zu besprechen.

Zwei Tage später gelingt es Herrn Q., beide Eltern gleichzeitig telefonisch zu erreichen. Er spürt die Aufregung der Eltern und beginnt daher zunächst damit, Joshuas Arbeitshaltung zu loben, sein Engagement und Sozialverhalten als vorbildlich zu beschreiben, wird dabei aber durch Joshuas Vater unterbrochen, der nun wissen wolle, wo das Problem liegt und weshalb er sie anrufe. Herr Q. berichtet schließlich, dass Joshua unter seinen Möglichkeiten bleibe, da er trotz seiner guten Fähigkeiten sehr unter Prüfungsdruck leide. Es liege weder an Joshuas Leistungsbereitschaft noch an dessen Fähigkeiten, sondern an dem immensen Druck, den er empfinde. Gerne würde er deshalb ein gemeinsames Treffen aller vorschlagen, mit den Eltern und Joshua, um zu sehen, wie dies verändert werden könne.

Die Eltern reagieren mit einer Mischung aus Zweifel und Unsicherheit, stimmen aber nach einem etwas mühsamen Abstimmungsprozess dem Treffen zu. *(Anmerkung: Selbstverständlich verlaufen vorbereitende Gespräche nicht immer reibungslos. Wesentlich ist hierbei, dass deutlich wird, wo die gemeinsamen Interessen liegen, und dass Eltern in einer angemessenen Weise die Kompetenz zugeschrieben wird, einen eigenen wichtigen Beitrag zur Veränderung zu leisten. Zentral ist weiterhin auch, die Eltern von Jugendlichen nicht aus ihrer Elternverantwortung zu entlassen und implizite oder explizite Schuldzuschreibungen zu unterlassen!)*

8.7 Entwicklung einer Förderplanskizze

Ausgehend von den ersten Gesprächskontakten plant Herr Q., folgende Schritte durchzuführen:

- Beratungsgespräch mit den Eltern: Hierbei soll neben einer kurzen Psychoedukation das Erarbeiten von einfach umsetzbaren Initiativen in der Familie erfolgen; nach den Erfahrungen während der telefonischen Kontaktaufnahme (erlebte Distanziertheit und Misstrauen) plant Herr Q., den ersten Teil des Gesprächs mit den Eltern aber alleine zu führen und Joshua erst später hinzu zu bitten.

- Pädagogisches Gespräch mit Joshua: In einer vorbereitenden Sitzung soll das Tagebuch zum Umgang mit Prüfungen erklärt werden; es werden angemessene Ziele in einer Vereinbarung festgehalten, eine Angsthierarchie wird erstellt und schrittweise Konfrontationen geplant.
- Die pädagogische Initiative wird flankiert durch eine Information im Kollegium und eine psychoedukative Unterrichtseinheit, ohne hierbei innerhalb der Klasse explizit Bezug zu Joshua herzustellen.

8.8 Pädagogische Interventionen

8.8.1 Beratungsgespräch mit den Eltern

Die Eltern erscheinen pünktlich, aber etwas abgehetzt zum Gesprächstermin, der mit etwa einer Stunde Dauer angesetzt wurde. Beide wirken müde, aber dennoch angespannt und unsicher. Die entscheidenden Passagen des Gesprächs werden hier kommentierend wiedergegeben.

Herr Q.: *»Also erst einmal möchte ich mich ganz herzlich dafür bedanken, dass Sie beide, trotz Ihres stressreichen Alltags mit Beruf und drei Kindern, unseren Termin wahrnehmen. Das gelingt vielen Eltern leider nicht. Dass Sie hier sind, macht deutlich, wie wichtig Ihnen das Treffen ist.«*

Dieser Hinweis führt zu einer sichtbaren Entspannung der Eltern. Herr Q. macht auf diese Weise klar, dass er die hohe Doppelbelastung wahrnimmt und betont respektvoll die Mühe, die beide sich geben.

8 Fallvignette Joshua

Herr Q.: »Ich hatte Gelegenheit, mit zwei Kolleginnen zu sprechen. Sie beschreiben Joshua als engagiert und leistungsstark. Das kann ich übrigens auch bestätigen. Ich freue mich sehr, Joshua in meiner Klasse zu haben. Deswegen ist es mir ein Anliegen, dass er seine Leistungsmöglichkeiten ausschöpfen kann.«

Herr Q. beschreibt hier die Situation und den Anlass für das Treffen. Er konkretisiert die Problemkonstellation der sich wiederholenden Belastungsreaktion in Prüfungssituationen anhand seiner schriftlichen Notizen. Herr Q. betont dabei, dass Joshua absolut kein Leistungs- oder Motivationsproblem hat, sondern sehr große Angst vor bewertungsrelevanten Situationen. Herr Q. nennt als besonderen Anlass des Gesprächs, dass sich diese Entwicklung in den letzten Monaten deutlich verstärkt hat. Er gibt den Eltern an dieser Stelle explizit Gelegenheit, dazu Stellung zu beziehen.

Herr Q.: »Jetzt, nachdem ich den Anlass beschrieben habe, wäre mir wichtig zu erfahren, was Sie beide dazu denken.«

Joshuas Eltern äußern lediglich ein paar wenige Sätze, aus denen deutlich wird, dass sie sich über das dargestellte Problem bislang nur wenige Gedanken gemacht haben. Herr Q. schlägt vor, ihnen einige Informationen zum Thema Prüfungsangst zu geben. Die Eltern stimmen dem zu und er beschreibt die wichtigsten Symptombereiche wie Vermeidungsverhalten und negative Bewertungen. Die Bedingungen, unter denen Prüfungsängste entstehen können, auslösende und aufrechterhaltende Faktoren werden benannt, und die Eltern erfahren, dass viele Schülerinnen und Schüler mit Prüfungsängsten kämpfen, und dass es wichtig ist, das Temperament eines Menschen zu akzeptieren. Herr Q. betont, dass Überforderung deswegen sehr ungünstig wäre, dass Joshua aber unterstützt werden kann, Prüfungen immer besser zu meistern. Die Eltern werden über die Möglichkeiten einer gezielten Entspannung informiert und darüber, dass Lob für positives Verhalten eine große Unterstützung darstellt. Schulisches Engagement falle Joshua leicht, anstrengend sei für ihn aber, sich einer Prüfung auszusetzen. Dabei benötige er Unterstützung in der Schule und auch zu Hause. Ziel sei es, dass er lernt, sich im Alltag belastenden Situationen allmählich auszusetzen. Schuldzuweisungen machten keinen Sinn – weder an Joshua, noch an die Eltern, noch an die Schule.

Herr Q.: »*Wichtig ist zu verstehen, dass Joshua sich wirklich anstrengt. Die allermeisten Bewertungen sind aber durch die großen Prüfungsängste überschattet. Machen Sie ihm dafür keine Vorwürfe.*«

Diese lösungs- und handlungsorientierte Herangehensweise und die dabei entstehende positive Perspektive kann Ausgangspunkt einer Unterstützung im familiären Umfeld sein.

Joshua wird hier mit einbezogen. Herr Q. fasst kurz den Stand des Gesprächs zusammen und fährt fort.

Herr Q.: »*Joshua könnte ein Entspannungstraining absolvieren. Das hilft, sich stressreichen Prüfungssituationen auszusetzen. Zusätzlich wäre auch Sport sehr gut.*«

Herr Q.: »*Für Joshua wäre es auch eine Hilfe zu lernen, wie man effektiver lernen kann. Hierzu empfehle ich Ihnen ein zeitlich befristetes Lerncoaching, bei dem auch das Prüfungsverhalten geübt wird.*«

Herr Q. beschreibt schließlich, worin die schulische Unterstützung bestehen könnte, dass diese aber nur mit der Einwilligung der Eltern umgesetzt werden kann. Er stellt die geplante schrittweise Konfrontation dar und bittet um die Zustimmung der Eltern und von Joshua. Joshuas Eltern sagen zu, diese Zustimmung zu erteilen und sich nach einem Gespräch der Eltern unter vier Augen wieder mit Herrn Q. in Verbindung zu setzen. Herr Q. benennt Ansprechpartner für ein Lerncoaching an einer Partnerschule und gibt den Eltern die Adresse der kommunalen Beratungsstelle mit, wo regelmäßig Entspannungstrainings für unterschiedliche Altersgruppen angeboten werden.

8.8.2 Pädagogisches Gespräch mit Joshua

Joshua berichtet im zeitnah terminierten Gespräch mit Herrn Q., dass er nun an einem wöchentlich stattfindenden Entspannungsprogramm teilnehmen wird, das seine Mutter als Angebot an der Volkshochschule gefunden hat *(Anmerkung: Entspannungsprogramme können unter* https://www.vhs.info/online *auch online besucht werden)*. Seine Eltern hätten erstaunlich gelassen auf das Gespräch reagiert und er sei froh, nun wirklich etwas ändern zu können.

Herr Q.: »*Wir sollten heute über deine Ziele sprechen, und wie du sie erreichen kannst.*«

Es wird schriftlich notiert, dass sich Joshua entlang einer Angsthierarchie allmählich mehr und mehr auch schwierigen Situationen aussetzt, dass er an dem Entspannungstraining teilnimmt und keine Fehlzeiten bei Prüfungen mehr hat. Dafür sichert Herr Q. ihm zu, dass sie (ggf. gemeinsam) mit den beteiligten Lehrkräften sprechen und überlegen, wie die »Bugwelle« offener Bewertungen so abgearbeitet werden kann, dass dies möglich ist (s. u.). Sie vereinbaren, dass Joshua von nun an ein Prüfungstagebuch nach der unten abgebildeten Vorlage erstellt (s. Abb. 2).

8.8.3 Prüfungstagebuch

Herr Q. erklärt, dass es darum geht zu erkennen, welche Prüfungssituationen für ihn besonders schwierig sind und welche vielleicht schon ganz gut klappen. Wichtig sei auch, dass er seine Gedanken zu seinen Erfahrungen notiert.

8.8 Pädagogische Interventionen

Datum:

Was war heute wichtig für mich?

....

Was ist heute gut gelaufen?

....

Was war daran mein Erfolg?

....

Was ist heute schlecht gelaufen?

....

Wie könnte ich es ändern?

....

Abb. 2: Prüfungstagebuch

Joshua sagt, dass er das zwar gerne machen will, aber schon ziemlich genau weiß, was für ihn wirklich schwierig ist. Er fände es immer dann schlimm, wenn er eigentlich gar nicht so recht wisse, was er sagen und tun solle. Dort, wo klar ist, worin die Aufgabe besteht, habe er zwar immer noch Respekt vor einer Bewertung, könne sich aber besser vorbereiten, wisse, worauf es ankomme, und sei insofern etwas entspannter, z. B. in Naturwissenschaften. Herr Q. ergänzt, dass er diesen Punkt gerne im Gespräch mit den Kolleginnen und Kollegen aufgreifen wolle und sich selbst überlege, wie für Joshua hier eine Unterstützung aussehen könne.

Herr Q.: »*Ich würde jetzt gerne folgendes festhalten: Ziel ist es, dass Bewertungen fair ablaufen und Prüfungssituationen besser bewältigt werden. Das Ziel soll erreicht werden durch das Entspannungstraining, durch wiederholte Übung und dadurch, dass Bewertungen nachvollziehbarer werden – das ist ja auch für andere Schülerinnen und Schüler wichtig. Gleichzeitig versuchen wir, herauszufinden, welche Gedanken bei dir möglicherweise dazu beitragen, dass du in der Prüfung besonders aufgeregt bist.*
Mir wäre wichtig, dass du mit dieser Vorgehensweise einverstanden bist.«

Dieser kurz zusammengefassten Planung der kommenden Wochen kann Joshua gut zustimmen.

8.8.4 Kollegialer Austausch

Das Gespräch mit Joshua hat Herrn Q. motiviert, sich mit der Transparenz von Leistungsanforderungen und Bewertungen intensiver zu beschäftigen. Es hat ihn nachdenklich gemacht, dass Joshua berichtete, wie schwierig das Lernen ohne Unterstützung ist, wenn klare Bewertungskriterien nur schwer auszumachen sind. Er regt daher einen Austausch im Kollegium an und bemüht sich darum, dass dieses Thema beim nächsten Schulentwicklungstag aufgegriffen wird.

Kurzfristig bittet er einige beteiligte Lehrkräfte von Joshua zu einem Gespräch. Herr Q. stellt die Situation und die bisher mit Joshua und dessen Eltern vereinbarten Schritte dar und erläutert die Wichtigkeit einer größeren Transparenz von Prüfungsanforderungen bzw. Bewertungskriterien, gerade in den nicht-naturwissenschaftlichen Fächern. Sein Vorschlag ist es, im Vorfeld einer Klassenarbeit und bei allen anderen bewertungsrelevanten Situationen im schulischen Alltag noch stärker auf Transparenz zu achten. Er regt an, dass möglichst kurze, schriftliche Informationspapiere angefertigt werden, die allen Schülerinnen und Schülern als Orientierungshilfe vor und während Prüfungssituationen dienen. Sie könnten dann zusätzlich als Leitfaden für Feedbacks zu Klassenarbeiten oder mündlichen Prüfungen dienen. Er präsentiert schließlich im Kollegium seinen eigenen Kriterienkatalog zur Bewertung einer Textarbeit in seinem Fach Geschichte, den er hierzu vorbereitet hat. Den Vorschlag nehmen die Anwesenden zur Kenntnis und versprechen, eine ähnlich konkrete Orientierung anzubieten und zu erklären.

Mit Kolleginnen und Kollegen, von denen Joshuas Leistung in den nächsten Wochen bewertet wird, bespricht er anschließend individuelle Lösungen, um die Notenfindung einerseits und die geplanten Expositionsübungen schrittweise zu realisieren. Hierzu soll durch die Beteiligten jeweils eine thematische Eingrenzung erfolgen. Dort werden konkrete Abschnitte (Seitenzahlen) in der unterrichtsbegleitenden Literatur benannt, die Lehrkräfte bemühen sich, wie dargestellt, um ein Informationspapier, das die Bewertungskriterien wiedergibt, und es werden Prüfungsformen benannt. Herr Q. bittet darum, die Reihenfolge der Prüfungen und mögliche Erleichterungen mit Joshua vorab besprechen zu können.

8.8.5 Konfrontation mit Unterstützung

Die Auswertung des Prüfungstagebuchs von Joshua erstreckt sich auf insgesamt zehn Tage, zu denen Notizen gemacht wurden. Dort ergaben sich allerdings nur wenige auswertbare Informationen, die sich für die geplante schrittweise Konfrontation nutzen ließen. Wie erwartet fanden sich Hinweise auf Besorgnisse Joshuas in den Fächern Englisch und Deutsch bezüglich der bevorstehenden Benotungen. Joshua dokumentiert in seinem Tagebuch weiterhin, dass er das offensichtliche Bemühen um Bewertungstransparenz

8 Fallvignette Joshua

sehr positiv erlebt, beschreibt seine Hoffnung, dass das Entspannungstraining und seine Übungen zu Hause mehr innere Ruhe bewirken. Das Verhalten seiner Eltern beschreibt er mehrfach als unterstützend. Dass er auf einem guten Weg sei, mache ihn zufrieden. Er berichtet von keinem negativen Erlebnis, allerdings zieht sich die Sorge um die ausstehenden Noten durch seine Notizen. Die Aufzeichnungen wirken zunehmend authentischer, sodass Herr Q. einen guten Einblick in Joshuas »Sorgenwelt« erhält. Dort spielt die »Angst vor einem totalen Absturz« eine große Rolle. Von der Schule zu fliegen und mit leeren Händen dazustehen, scheint ein sich wiederholender Angstgedanke zu sein.

Herr Q. regt auf dieser Grundlage an, dass Joshua sich im Fach Deutsch im Rahmen einer Erörterung mit einer dieser Fragen intensiv beschäftigen könnte, mit dem Ziel einer kritischen Prüfung seiner Befürchtungen:

- Prüfungsängste: Risiken und Handlungsmöglichkeiten
- Ein Schulverweis: Was spricht in meinem Fall dafür, was dagegen

Da Herr Q. keine weiteren Informationen hat, bespricht er schließlich mit Joshua die Reihenfolge der anstehenden Prüfungen. Joshua möchte gerne mit der Erörterung im Fach Deutsch beginnen, da Herr Q. ihm den Themenvorschlag erklärt und die Bewertungskriterien schriftlich transparent gemacht werden

- Schlüssige Einführung ins Thema
- Sammlung realitätsangemessener Argumente beider Seiten
- Strukturiertheit der Pro- und Kontra-Argumente
- Sachlichkeit und logische Schlüssigkeit der Darstellung
- Gegenüberstellung und Diskussion der Argumente
- Fazit und Summary
- Sprachliche Qualität, Rechtschreibung und Zeichensetzung

Aus Joshuas Sicht genügt dies als Erleichterung der Prüfungssituation.

Anschließend möchte Joshua gerne das Prüfungsgespräch in Geschichte absolvieren, da er sich bei Herrn Q. verstanden fühlt. Er bittet darum, dass das Thema inhaltlich umrissen wird und Herr Q. gibt Joshua das vorhandene Informationspapier zu Bewertungskriterien. Es folgen jeweils schriftliche Klausuren in Mathematik und Biologie sowie am Ende eine mündliche Prüfung in Englisch. Die Klausuren werden wieder mit Hilfe transparenter Bewertungskriterien begleitet. In Englisch schlägt Herr Q. eine Probeprüfung mit Feedback vor. Die Prüfungsinhalte und bewertungsrelevanten Aspekte sollten vorab besprochen werden.

8.8.6 Psychoedukation im Unterricht

Herr Q. hat sich entschieden, ergänzend für die gesamte Klasse eine psychoedukative Einheit anzubieten. Er stellt seinen Plan den von ihm als Klassenlehrkraft betreuten Schülerinnen und Schüler vor. Dabei begründet Herr Q. die Initiative damit, dass nach der 9. Klasse weitreichende Entscheidungen (Schulabgang und Ausbildungsplatzsuche, weiterführende Schule usf.) getroffen werden, die möglichst nicht durch Prüfungsängste überlagert sein sollten. Die Unterrichtseinheit umfasst diese Themenschwerpunkte:

- Einstieg: Synonyme des Begriffs »Angst«
- Eigene Erfahrungen der Teilnehmenden (Austausch in der Klasse)
- Häufigkeit und Symptome von Prüfungsängsten
- Auslösende Faktoren
- Vermeidungsverhalten als aufrechterhaltender Faktor
- Was man dagegen tun kann: Entspannungsübungen; Konfrontation; Konzept der Disputation dysfunktionalen Denkens und positive Selbstinstruktion

Herr Q. ist sehr erstaunt über das große Interesse der Klasse, den offenen Austausch und die hohe Bereitschaft zur Mitarbeit (*Anmerkung: Entspricht weitgehend den Alltagserfahrungen des Autors*). Die begleitend durchgeführte Evaluation zeigt einen guten Zuwachs im Wissenstest und sehr positive Bewertung der inhaltlichen Ausrichtung. Er wird dennoch versuchen, die Unterrichtseinheit weiterzuentwickeln und wird sie außerdem dem gesamten Kollegium zur Verfügung zu stellen.

8.9 Erfolg der Maßnahme

Ein Thema des Schulentwicklungstags sind Prüfungsängste. Dort stellt Herr Q. die Vorgehensweise bei Joshua anonymisiert vor, berichtet darüber, welche pädagogischen Schritte sinnvoll und erfolgreich waren und stellt ergänzend die psychoedukative Unterrichtseinheit vor. In der Diskussion zeigt sich, dass hinsichtlich der vereinbarten Bewertungskriterien Bewegung im Kollegium entstanden ist. Um eine Rückmeldung gebeten, stellen einige Lehrkräfte den hohen Aufwand dar, der mit expliziten und aufgabenbezogenen Bewertungskriterien einhergeht. Einige beschreiben, dass es erste Hinweise auf eine positive Entwicklung bei Joshua gibt. So fielen keine weiteren Fehlzeiten in Zusammenhang mit Bewertungen auf. Die mündliche Prüfung absolvierte Joshua mit den dargestellten Erleichterungen zwar erkennbar in größerer Aufregung, aber kompetenter in der kurzfristigen Bewältigung seiner Angst. Insofern konnte von den Kolleginnen und Kollegen bestätigt werden, dass Joshua »auf dem richtigen Weg ist«, besseren Zugriff auf sein Wissen zu haben – der Aufwand habe sich hier offensichtlich gelohnt.

Nach dem Ende der »Konfrontation mit Unterstützung« bittet Herr Q. um ein kurzes Feedbackgespräch mit Joshua. Er möchte auch gerne dessen Einschätzung erhalten und bittet ihn zu einem

Austausch. In diesem Dialog zeigt sich Joshua dankbar für die Hilfe von Herrn Q. Dieser notiert sich: »J. ist erstaunt über die Wirkung des Entspannungstrainings«, »das Lerncoaching macht ihn sicherer in der Vorbereitung«, »hat immer noch großen Respekt vor Prüfungen«, »die Panik hat er nach eigenen Worten im Griff« und »seine Eltern zeigen jetzt mehr Verständnis, das Elterngespräch mit mir bezeichnet er als wichtig«. Herr Q. schlägt ein weiteres Elterngespräch vor, Joshua hält einen Telefontermin für realistischer – ad hoc wird hierfür ein Termin vereinbart. Auf Nachfrage von Herrn Q., ob das Ziel, »*dass Bewertungen fair ablaufen und Prüfungssituationen besser bewältigt werden*«, erreicht wurde, antwortet Joshua klar mit »Ja«.

Die Zwischenbilanz, wie Herr Q. sie bezeichnet, fällt aus der Sicht der Eltern ebenso positiv aus. Sie sehen einen Fortschritt, hoffen aber auch, dass sich dies auch bald in den Zensuren zeigen wird. Herr Q. weist nochmals eindringlich auf die Schädlichkeit unverhältnismäßigen Drucks hin, das sei bei Joshua absolut nicht sinnvoll und auch nicht nötig. Er kündigt hierzu an, dass er sich bei einer ungünstigen Entwicklung nochmals mit den Eltern in Verbindung setzen wird. Herr Q. schlägt eine Fortsetzung des begleitenden Lerncoachings vor, in dem verschiedene kognitive und metakognitive Lernstrategien trainiert werden sollen, damit Joshua noch mehr Sicherheit beim Lernen und in den Prüfungssituationen entwickeln kann.

9

Abschließende Anmerkungen

Die pädagogischen Fallvignetten stellen exemplarisches Handeln dar, um beispielhaft die Anwendung von erfolgversprechenden Methoden zu verdeutlichen. Hierdurch kann der Transfer von Fachwissen erleichtert und ein besonders anschauliches und einprägsames Wissensformat zur Verfügung gestellt werden. Dabei kommen allerdings Prinzipien zur Anwendung, die unter der Überschrift »positive Vorannahmen« zusammengefasst werden können. Diese Vorannahmen wurden teilweise bereits in Form von Anmerkungen innerhalb der Fallvignetten kommentiert, sollen hier aber abschließend explizit nochmals aufgegriffen und auch kritisch diskutiert werden.

Kooperation

In den dargestellten Fällen wird die große Bedeutung einer Kooperation unterschiedlicher Akteurinnen und Akteure offenbar: Damit ist die vertrauensvolle Zusammenarbeit innerhalb der Institution Schule gemeint, die dort sowohl innerhalb des Lehrkräftekollegiums als auch interdisziplinär notwendig ist. Gleiches gilt für das gemeinsame Handeln von Lehrkräften und Eltern. Beides kann zwar nicht als selbstverständlich gegeben vorausgesetzt werden, ist aber von elementarer Bedeutung für das Gelingen schulischer Arbeit insgesamt.

Qualifikation

Die dargestellten Methoden sind in aller Regel nicht Bestandteil der Lehrkräftebildung. Wissen über sozial-emotionale Auffälligkeiten, wie es hier zusammengefasst wurde, erarbeiten sich Pädagoginnen und Pädagogen zumeist durch ein engagiertes Selbststudium und/oder in Form spezifischer Fortbildungen. Sowohl die Häufigkeit schulischer Ängste und der damit verbundene Leidensdruck von betroffenen Kindern und Jugendlichen als auch die zentrale Rolle, die Lehrkräften und anderen pädagogischen oder psychologischen Fachkräften in der Schule zukommt, verdeutlichen jedoch, wie wichtig es ist, auch in der Schule eine grundlegende Qualifikation für den kompetenten Umgang mit sozial-emotionalen Auffälligkeiten zu gewährleisten. Zum Tragen kommt diese fachliche und formale Qualifikation durch eine pädagogische Initiative und durch die Übernahme von Verantwortung für die Unterstützung einer Schülerin oder eines Schülers.

Rahmenbedingungen

Damit aber eine solche Übernahme von Verantwortung stattfindet und gelingen kann, sind zwei Faktoren entscheidend: Zunächst ist eine vertrauensvolle und unterstützende Rückendeckung durch die jeweils zuständigen Schuladministrationen unabdingbar.

Die in den Fallvignetten umgesetzten diagnostischen und pädagogischen Schritte erfordern aber zudem eine ausreichende personelle Ausstattung mit entsprechend zeitlichen Ressourcen. Nur auf diese Weise kann Verlässlichkeit und Kontinuität im persönlichen Kontakt sichergestellt werden.

Störfaktoren

Das Gelingen der pädagogischen Intervention ist aber selbst bei einem Erfüllen aller positiven Vorannahmen nicht vollständig kontrollierbar, denn die Liste potenzieller Störfaktoren ist lang (z. B. Umzug, Krankheit, Ferien, andauernde Vermeidung, motivationale Probleme der Schülerinnen und Schüler oder deren Eltern).

Diese Erkenntnisse sollten aber nicht das Bemühen darum verhindern, Kindern und Jugendlichen mit schulbezogenen Ängsten eine wirksame pädagogische Förderung anzubieten.

Literatur

Affrunti, N.W. & Woodruff-Borden, J. (2015). Parental perfectionism and overcontrol: examining mechanisms in the development of child anxiety. *Journal of Abnormal Child Psychology, 43*, 517–529.

Ahrens-Eipper, S., Leplow, B. & Nelius, K. (2009). *Mutig werden mit Til Tiger. Ein Trainingsprogramm für sozial unsichere Kinder.* Hogrefe.

Albano, A. M., DiBartolo, P. M., Heimberg, R. G. & Barlow, D. H. (1995). Children and adolescents: Assessment and treatment. In R. G. Heimberg, M. R. Liebowitz, D. A. Hope & F. R. Schneier (Eds.), *Social Phobia. Diagnosis, assessment, and treatment* (387–425). Guilford Press.

Asendorpf, J. B. (1990). The expression of shyness and embarassment. In W. R. Crozier (Ed.), *Shyness and embarrassment. Perspectives from social psychology* (87-118). Cambridge University Press.

Bäuml, J. & Pitschel-Walz, G. (2016). Grundlagen des Konsensuspapiers zur Psychoedukation. In J. Bäuml, B. Behrendt, P. Henningsen & G. Pitschel-Walz (Hrsg.), *Handbuch der Psychoedukation. Für Psychiatrie, Psychotherapie und Psychosomatische Medizin* (S. 47–55). Schattauer.

Behringer, K.H. & Rösch, N. (2016). *Autogenes Training mit Kindern.* Beltz (PVU).

Birbaumer, N. (1977). Die Bewältigung von Angst; Gewöhnung oder Hemmung? In N. Birbaumer (Hrsg.), Psychophysiologie der Angst (S. 85–124). Urban & Schwarzenberg.

Borg-Laufs, M. (2020). *Die Funktionale Verhaltensanalyse. Ein praktischer Leitfaden für Psychotherapie, Sozialarbeit und Beratung.* Springer.

Breinholst, S., Esbjørn, B. H., Reinholdt-Dunne, M. L. & Stallard, P. (2012). CBT for the treatment of child anxiety disorders: A review of why parental involvement has not enhanced outcomes. *Journal of Anxiety Disorders, 26*, 416–424.

Büch, H., Döpfner, M. & Petermann, U. (2015). *Ratgeber Soziale Ängste und Leistungsängste: Informationen für Betroffene, Eltern, Lehrer und Erzieher.* Hogrefe.

Castello, A., Bierkandt, S. & Suchy, J. (2016). Familienklassen: Schulische Intervention im Multifamiliensetting. *Zeitschrift für Heilpädagogik, 5*, 227–233.

Daleiden, E.L. (1998). Childhood anxiety and memory functioning: A comparison of systemic and processing accounts. *Journal of Experimental Child Psychology, 68*, 216–235.

Daleiden, E.L. & Vasey, M.W. (1997). An information processing perspective on childhood anxiety. *Clinical Psychology Review, 17*, 407–429.

Deci, Edward L. & Ryan, Richard M. (Hrsg.) (2002), *Handbook of Self-Determination Research*. University of Rochester Press.

Döpfner, M. (2000). Diagnostik und funktionale Analyse von Angst- und Zwangsstörungen bei Kindern und Jugendlichen – Ein Leitfaden. *Kindheit und Entwicklung, 9*, 143–160.

Döpfner, M., Schnabel, M., Goletz, H. & Ollendick, H. (2006). *Phobiefragebogen für Kinder und Jugendliche (PHOKI)*. Hogrefe.

Epstein, J. L. & Sheldon, S. B. (2002). Present and accounted for: Improving students attendance: through family and community involvement. *Journal of Educationals Research, 95*, 308–318.

Essau, C. A., Conradt, J. & Petermann, F. (2000). Frequency, comorbidity and psychosocial impairment of anxiety disorders in German adolescents. *Journal of Anxiety Disorders, 14*, 263–279.

Falkai, P. & Wittchen, H.U. (Hrsg.) (2015). *Diagnostisches und statistisches Manual psychischer Störungen DSM-5*. Hogrefe.

Foa, E. B., Hembree, E. A., Cahill, S. P., Rauch, S. A. M., Riggs, D. S., Feeny, N. C. & Yadin, E. (2005). Randomized trial of prolonged exposure for posttraumatic stress disorder with and without cognitive restructuring: Outcome at academic and community clinics. *Journal of Consulting and Clinical Psychology, 73*, 953–964.

Francis, C. G. (1988). Assessing cognitions in anxioous children. *Behavior Modification, 12*, 267–280.

Gollwitzer, P. M. (1999). Implementation intentions: Strong effects of simple plans. *American Psychologist, 54*, 493–503.

Grawe, K., Donati, R. & Bernauer, F. (1994). *Psychotherapie im Wandel. Von der Konfession zur Profession*. Hogrefe.

Grossmann, P., Niemann, L., Schmidt, S. & Walach, H. (2004). Mindfulness-Based Stress Reduction and Health Benefits: A Meta-Analysis. *Journal of Psychosomatic Research, 57*, 35–43.

Hattie, J. (2012). *Visible Learning for Teachers*. Routledge.

Heider, F. (1958). *The psychology of interpersonal relations*. New York: Riley.

Herr, L., Mingebach, T., Becker, K., Christiansen, H. & Kamp-Becker, I. (2015). Wirksamkeit elternzentrierter Interventionen bei Kindern im Alter von zwei bis zwölf Jahren. Ein systematisches Review. *Kindheit und Entwicklung, 24*, 6–19.

Hudson, J. L., Newall, C., Rappe, R. M., Lyneham, H. J., Schniering, C. C., Wuthrich, V. M., Schneider, S., Seeley-Wait, E., Edwards, S. & Gar, N. S. (2014). The impact of brief parental anxiety management on child anxiety treatment outcomes: A controlled trial. *Journal of Clinical Child and Adolescent Psychology, 43*, 370–380.

Hudson, J. L. & Rapee, R. M. (2000). The origins of social phobia. *Behavior Modification, 24*, 102–129.

In-Albon, T. (2011). Kinder und Jugendliche mit Angststörungen: Erscheinungsbilder, Diagnostik, Behandlung, Prävention. Stuttgart: Kohlhammer.

Jacobson, E. (1990). *Entspannung als Therapie. Progressive Relaxation in Theorie und Praxis.* Klett-Cotta.

Junge-Hoffmeister, J. & Pittig, A. (2020). Operante Methoden. In J. Hoyer & S. Knappe (Hrsg.), *Klinische Psychologie & Psychotherapie* (3. Auflage, S. 599–616). Springer.

Kabat-Zinn, J. (2003). Mindfulness-Based Interventions in Context: Past, Present, and Future. *Clinical Psychology: Science and Practice, 10*, 144–156.

Kagan, J., Reznick, J. S. & Snidman, N. (1987). The physiology and psychology of behavioral inhibition in children. *Child Development, 58*, 1459–1473.

Kaiser Greenland (2010). *The Mindful Child.* New York: Simon & Schuster.

Kaltwasser, V. (2016). *Praxisbuch Achtsamkeit in der Schule: Selbstregulation und Beziehungsfähigkeit als Basis von Bildung.* Beltz.

Kanfer, F. H. & Phillips, J. S. (1970). *Lerntheoretische Grundlagen der Verhaltenstherapie.* Kindler.

Kanfer, F. H. & Saslow, G. (1965). Behavioral analysis: An alternative to diagnostic classification. *Archives of General Psychiatry, 12*, 529–538.

Kendall, P. C. & Ronan, K. (1990). Assessment of children's anxieties, fears, and phobias: Cognitive behavior models and methods. In C. R. Reynolds & R. W. Kamphaus (Eds.), *Handbook of psychological and educational assessment of children* (pp. 223–244). Guilford Press.

Kendler, K. S., Karkowski, L. M. & Prescott, C. A. (1999). Fears and phobias: Reliability and heritability. *Psychological Medicine, 29*, 539–553.

Kessler, R.C., Chiu, W.T., Demler, O. & Walters, E.E. (2005). Prevalence, severity, and comorbidity of 12-month DSM-IV disorders in the national comorbidity survey replication. *Archive of Genetic Psychiatry, 62*, 617–627.

King, N. J., Hamilton, D. I. & Ollendick, T. H. (1988). *Children's fears and phobias: A behavioral perspective.* Wiley.

Kiresuk, T.J. & Sherman, R.E. (1968). Goal Attainment Scaling–a general method for evaluating comprehensive community mental health programs. *Community Mental Health Journal, 4*, 443–453.

Kirkpatrick, D. L. & Kirkpatrick, J. D. (2010). *Evaluating training programs: The four levels.* Berret-Koehler.

Kossak, H.-C. (2016). Beratung und Behandlung von Prüfungsängsten. *Lernen und Lernstörungen, 5*, 79–93.

Laakmann, M., Petermann, U. & Petermann, F. (2017). Elternarbeit im Kontext der Angstbehandlung von Kindern. Ein systematisches Review. *Kindheit und Entwicklung, 26,* 77–92.

Leary, M. R. (1986). *Affective and behavioral components of shyness.* In W. H. Jones, J. M. Cheeks & S. R. Briggs (Eds.), *Shyness: Perspectives on research and treatment* (27–38). Plenum Press.

Linderkamp, F. (2018). Operante Methoden. In S. Schneider & J. Margraf, (Hrsg.), *Lehrbuch der Verhaltenstherapie, Band 3: Störungen im Kindes- und Jugendalter* (2. Auflage, S. 209–220). Springer.

Mazzone, L., Ducci, F., Scoto, M.C., Passaniti, E., D'Arrigo, V.G. & Vitiello, B. (2007). The role of anxiety symptoms in school performance in a community sample of children and adolescents. *BMC Public Health, 5,* 347–352.

McLeod, B. D., Wood, J. J. & Weisz, J. (2007). Examining the association between parenting and childhood anxiety: A meta-analysis. *Clinical Psychology Review, 27,* 155–172.

Meichenbaum, D. H. & Goodman, J. (1971). Training impulsive children to talk to themselves: A means of developing self-control. *Journal of Abnormal Psychology, 77,* 115–126.

Metzig, W. & Schuster, M. (2017). *Prüfungsangst und Lampenfieber: Bewertungssituationen vorbereiten und meistern.* Springer.

Morschitzky, H. (2009). *Angststörungen. Diagnostik, Konzepte, Therapie, Selbsthilfe.* Springer.

Mowrer, O. H. (1956). Two-factor learning theory reconsidered, with special reference to secondary reinforcement and the concept of habit. *Psychological Review, 63,* 114–128.

Neudeck, P. & Lang, T. (2020). Reizkonfrontationsmethoden. In J. Hoyer & S. Knappe (Hrsg.), *Klinische Psychologie & Psychotherapie* (3. Auflage, S. 617–634). Springer.

Petermann, F. & Bahmer, J. (2009). Psychoedukation. In S. Schneider & J. Margraf (Hrsg.), *Lehrbuch der Verhaltenstherapie: Störungen im Kindes- und Jugendalter* (S. 193–207). Springer.

Petermann, U. & Petermann, F. (2015). *Training mit sozial unsicheren Kindern. Einzeltraining, Kindergruppen, Elternberatung.* Beltz (PVU).

Pixner, S. & Kaufmann, L. (2013). Prüfungsangst, Schulleistung und Lebensqualität bei Schülern. *Lernen und Lernstörungen, 2,* 111–124.

Reeker-Lange, C., Aden, P. & Seyffert, S. (2010). *Handbuch der Progressiven Muskelentspannung für Kinder.* Klett-Cotta.

Rinck, M. & Becker, E. S. (2020). Lernpsychologische Grundlagen. In J. Hoyer & S. Knappe (Hrsg.), *Klinische Psychologie & Psychotherapie* (3. Auflage, S. 113–136). Springer.

Schneider, S. (2007). Therapie bei Angststörungen. In: Linderkamp, F. & Grünke, M. (Hrsg.), *Lern- und Verhaltensstörungen. Genese - Diagnostik - Intervention* (261–273). Beltz.

Schneider, S. & Borer, S. (2006). *Nur keine Panik! Was Kids über Angst wissen sollten.* S. Karger.

Schneider, S. & Margraf, J. (Hrsg.). (2018). *Lehrbuch der Verhaltenstherapie, Band 3: Störungen im Kindes- und Jugendalter* (2. Auflage). Springer.

Schneider, S. & In-Albon, T. (2006). Die psychotherapeutische Behandlung von Angststörungen im Kindes- und Jugendalter – Was ist evidenzbasiert? *Zeitschrift für Kinder- und Jugendpsychiatrie und Psychotherapie, 34,* 191–202.

Smith, A. M., Flannery-Schroeder, E. C., Gorman, K. S. & Cook, N. (2014). Parent cognitive-behavioral intervention for the treatment of childhood anxiety disorders: A pilot study. *Behaviour Research and Therapy, 61,* 156–161.

Stangier, U., Heidenreich, T. & Peitz, M. (2009). *Soziale Phobien. Ein kognitiv-verhaltenstherapeutisches Behandlungsmanual.* Beltz.

Stark, R. (2017). Probleme evidenzbasierter bzw. -orientierter pädagogischer Praxis. *Zeitschrift für Pädagogische Psychologie, 31,* 99–110.

Stein, R. (2012). *Förderung bei Ängstlichkeit und Angststörungen.* Kohlhammer.

Stetter, F. (2004). Entspannungsverfahren. Wirksame Komponenten psychotherapeutischer und psychiatrischer Behandlung. *Psychotherapeut, 49,* 281–291.

Strauss, C. C., Frame, C. L. & Forehand, R. L. (1987). Psychosocial impairment associated with anxiety in children. *Journal of Clinical Child Psychology, 16,* 235–239.

Telch, M. J. & Lancaster, C. L. (2012). Is there room for safety behaviors? In P. Neudeck & H.-U. Wittchen (Hrsg.), *Exposure therapy: Rethinking the model, refining the method.* Springer.

Vaitl, D. & Petermann, F. (2004). *Entspannungsverfahren: Das Praxishandbuch.* Beltz (PVU).

Weber, S. & Huber, C. (2020). Förderung sozialer Integration durch Kooperatives Lernen. Ein systematisches Review. *Empirische Sonderpädagogik, 12,* 257–278.

Wild, E. & Lorenz, F. (2010). *Elternhaus und Schule. Standardwissen Lehramt, Bd. 3418.* Schöningh UTB.

Willard, C. (2010). *Child's Mind: Mindfulness Practices to Help Our Children Be More Focused, Calm, and Relaxed.* Parallax Press.

Wittchen, H.-U., Stein, M. B. & Kessler, R. C. (1999). Social fears and social phobia in a community sample of adolescents and young adults: Prevalence, risk factors and comorbidity. *Psychological Medicine, 29,* 309–323.

Wittchen, H.-U., Fuetsch, M., Sonntag, H., Müller, N. & Liebowitz, M. (2000). Disability and quality of life in pure and comorbid social phobia: Findings from a controlled study. *European Psychiatry, 15*, 46–58.

Wolpe, J. (1958). *Psychotherapy by reciprocal inhibition.* Stanford University Press.

Xyländer, M. (2011). „Ko-Produktion" oder „Irritation"? Passungsverhältnisse von Familie und Schule. In A. Lange & M. Xyländer (Hrsg.), *Bildungswelt Familie. Theoretische Rahmung, empirische Befunde und disziplinäre Perspektiven* (S. 95-116). Juventa.